饒恕果真如此輕易

霍玉蓮、蔡元雲、陳佐才 等著

饒恕果真如此輕易（修訂版）
作者／霍玉蓮、蔡元雲、陳佐才等
策劃編輯／伍詠慈
責任編輯／陸志文
美術設計／blacktony
攝影／黃國榮
出版發行／突破出版社
香港沙田亞公角山路33號突破青年村
電話：2632 0000　傳真：2632 0388
電郵：breakthrough@breakthrough.org.hk
網址：http://www.breakthrough.org.hk
http://www.btproduct.com
承印／海洋印務
1994年10月初版1刷
1997年5月初版3刷
2013年9月修訂版1刷
2017年3月修訂版2刷

Forgiveness Is Not Easy
by Fok Yuk Lin, Philemon Choi, Alan Chor-choi Chan, et al.
First Printing, First Edition, October 1994
Third Printing, First Edition, May 1997
First Printing, Revised Edition, September 2013
Second Printing, Revised Edition, March 2017

Printed in Hong Kong
ISBN 978-988-8073-97-9

生 活 與 輔 導

關懷、連繫、復和、

溝通、對話……

凝視心之脈動，

直到重新尋獲自己的心。

目錄

饒恕自己

恨意全消

前言：茫茫蒼生話饒恕

情仇愛恨是大部分故事、小說和電影的主要素材。

也許，人間的齟齬、感情的錯落、愛恨的矛盾，標誌着有血有肉的人生。

中外電影，尤其港產片，喜歡借用情仇愛恨的矛盾張力，大肆渲染恐怖、仇殺的劇情，又或者借用怪力亂神的奇情特技製造英雄，懲惡懲奸，以宣泄人內心的抑鬱。

可是，絕少有電影、小說描寫人類的悔改及饒恕。

太難描寫了，連導演、編劇、監製都缺乏饒恕及被饒恕的經驗，如何憑空描寫？綜觀現實世界，都是仇視報復者偏多；要寫饒恕，不是過分煽情，就是流於濫情和道德腔，無法令人入信。

沒錯，饒恕是上帝身體力行彰顯出來的宇宙性真理。饒恕，屬於人間刻骨銘心的體驗。

饒恕，不能任意搬上銀幕，也不能隨意掛在嘴邊。

在教會，我們一味熱心地推崇饒恕的觀念，往往在教導時空洞抽離——抽離人性內在的矛盾感情，抽離現代社會的複雜現實。於是認真的弟兄姊妹，在教會高調的理想要求及每天在社會現實的衝擊下，被拉扯成邊緣人或兩面人。

弟兄姊妹受老闆閒氣而心懷憤怒，我們便立即規勸他們要饒恕。弟兄姊妹在婚姻的衝突糾纏中飽受傷害，教牧長老未明底蘊便説好説歹的指導饒恕。有弟兄姊妹在事奉過程中冤枉受屈，無處申訴，我們未辨是非已經立即聲稱「饒恕」、「饒恕」……於是，饒恕成為廉價的恩典，不切實際的神學觀念。

饒恕，不是使受害者更蒙羞受辱的道德高壓；饒恕，不是把人類的個性壓縮踩平；饒恕，不是不肯正視邪惡現實的懦夫行為。在愛裏有公義，在公義裏有愛，才可實踐饒恕。

在多年輔導經驗和人生旅程的掙扎中，我曾對饒恕這理想信守不移，卻又產生過許多疑問，在無知和迷惑中作過一點反省。在這本書裏，我願意將心底一些膚淺的反省與大家分享，尤其饒恕與創傷的關係、饒恕與悔改的關係，以及「六四」的饒恕。本書還結集許多人對饒恕的反省分享；最難得也輯錄了一些真實案例和個人體驗。也許，你也會在閱讀時產生共鳴。

饒恕，是基督教信仰的核心，是那麼珍貴而深刻的課題。尤其是對社會性、歷史性層面的饒恕的探討，更是稀罕得很。也許，本書只是一個起點，啟發各位繼續携手探索，讓我們在學習實踐饒恕時更認識那一位饒恕我們的上帝！

霍玉蓮

咒詛蒼生

也許，人類是由恨怨所生，
生來便受到許多不滿苦澀所侵。
也許，人生歷史是一團大缺憾，
社會是太貧窮，
人心是太涼薄，
制度是太多漏洞，權力是太囂張，
世界是太不公義。

為何不能饒恕？

霍玉蓮

為何不能饒恕？

如果傷害是人間的撕裂；寬恕，就是人生的縫補。相信人性的深處傾向圓滿——修復、和諧、統一，所以，饒恕是促使人性邁向更鞏固、圓滿健康的道路。人人都有機會犯錯，每個人都有愛與怒，也追求與他人解開嫌隙的自由。可是，即使認同這個價值，許多人也感到沒有能力去饒恕，所以，我想專注探討一下有關饒恕的疑惑：為何人不能饒恕？

創傷與邪惡

中國先秦諸子討論人性，孟子主張人性本善，荀子主張人性本惡；[註1]無論你贊成哪個主張，人性必須可以分辨善惡才能行善行惡，亦即是說邪惡和良善與人性並存。如果人類世界完全沒有邪惡，就不會有苦難，所以，人類的創傷顯映人間有邪惡。可是，在心理學的課題裏，鮮有具體深入地正視邪惡，J. Jeffrey Means和Mary Ann Nelsons的著作*Trauma & Evil*，很精闢、獨到地指出，若要有效醫治創傷，必須正視邪惡。[註2]

在這書中，作者以詳盡的篇幅闡析創傷與邪惡有何異同，「創傷是一件事件，邪惡是一項遭遇的歷程。更精確的說，不是創傷，而是邪惡，傷害及損毀了人的自我及靈魂。」(*Trauma and Evil*, P.71)

書中提及一名男士常常性侵犯女朋友，完事後，就會用呼喝、嘲笑的口吻對女朋友說：「去啦！去拿剃刀，剃啦！快點。」因為他知道這女孩子自幼受了許多創傷，錯誤地以自虐的習慣去應付痛苦。(*Trauma and Evil*, P.44)這副摧殘、貶低、嘲弄的姿態本身就是邪惡。

筆者曾經處理一個個案，案主是個罪犯，少年時在監獄中曾被罰赤身做掌上壓、灌水、不許去廁所。後來他娶了妻，在發脾氣時，會懲罰太太赤身做掌上壓、灌水、不許上廁所，還迫兩名稚齡孩子在旁觀看。這種人神共憤的虐待，將自己的快樂建築在別人的痛苦之上，都是邪惡的。

邪惡與無知都會對人產生傷害，但邪惡產生的傷害深入人的自我核心和靈魂深處。打個比喻，一位母親用杖責打孩子，以為會對孩子有益處，即使孩子考試得到九十分，仍然要責打；責打完，會含淚親自為孩子包紮傷口。這是母親的無知，用了錯誤的管教方法，欠缺知識和判斷力。另一位母親賭錢輸了，拿孩子出氣，當頭當腦，用棍、用鐵棒亂打，直至發泄完畢，這種狠心發泄，就是一種邪惡。犯錯者由於無知犯錯，抑或出於兇惡犯錯，受害人要經歷的饒恕歷程會不一樣。

邪惡是一種勢力，會借人性的弱點重重複複捲土重來，每當創傷牽涉邪惡，邪惡未曾獲得正視及克服，盲目饒恕有機會變成「容許」、「任由」惡勢力埋藏，某一天借勢捲土重來。

一位女士認識男朋友時，該男子已經常說謊話，而且隱瞞着她與另一名女士假結婚，更與其他女士有曖昧性關係。這名女士以義工身分協助這位犯人，於是這男子愛上了她，受感動信耶穌，聲稱要改過自新，教會教導這名女士先原諒他，男士在教會信主洗禮後，兩人就可以結婚。

十多年後，這男士重蹈覆轍，説謊話，並屢次纏上婚外情緣，令太太十分痛苦。仔細研究下，發現當時教會規勸她饒恕當時的男朋友，但卻沒有協助那男子正視自己慣説謊言背後自利自欺的心理慣性，也沒有探討他整個家族那功利虛浮大男人的價值觀，更沒有面對他青年時期開始的色情網成癮惡習。

饒恕，若然牽涉當事人要與被饒恕者建立深入互信的關係，更必須恰當地正視邪惡。

饒恕與悔改

從上述例子引申，帶領我們思考何謂悔改。如何協助認知自己錯誤的人徹底悔改？悔改的希臘原文是metanoia，是「回轉身」的意思。首先，「惡行」傷害人，欺騙、出賣、嘲弄、爭競、殘害、無親情、流人血……等等，都是惡行。「惡行」只是惡性被挑動的爆發性行為，惡行只是表徵。容易被挑動的惡性，才是要針對的地方。惡性到底是什麼？如何被觸發呢？人如何認知自己的惡性？人若能恨惡自己的惡性，產生悲慟，朝改正惡性的方向回轉，就是悔改。

所以，悔改牽涉認知和情感上的悲慟，這悲慟產生恨惡惡性的情緒，藉人的寬恕和神的恩典轉身，這就是悔改。許多時候，我們以為一個人承認自己犯了惡行，說一聲「對不起」，就等於悔改，對於嚴重惡行，這是把問題過分簡化。為惡行道歉，只是認錯。承認錯誤，是一個起點。到底這人內在有何認知？人性內有何悲慟？生命、行動轉向何方？處理這些問題才稱為悔改。

讓我們先探討一下，惡性是什麼？認知惡性，即是認知什麼？

詩人說：「耶和華——我的神啊，求你看顧我，應允我！使我眼目光明，免得我沉睡至死。」(詩十三3)

惡性，即是人把自己的願望、益處，抬到最優先，高於神，高於人，這就是惡性(於是產生各種偏差，走向極端，害己害人)，若以九型人格去測量，[註3]各種型格的人，天生的執念與偏情就是惡性，人為了保護自己的執念，容讓偏情在人生處境中建立不良的慣性模式，例如：一個人為了保護自己的安全感，常常隱藏自己，不肯表達，給人一個禮貌、和善的假象，到了危急關頭，不肯為正義出頭以致虧損朋友。又例如，一位爸爸慣性懦弱自保，孩子被媽媽誣蔑的冤假錯案，一概不理，孩子被誤會，與母親關係破裂，離家出走，這位爸爸若要悔改，就要先認知自己這個慣性模式。

另一位男士上網成癮，屢次發生婚外情，深入探究，這男士自幼缺乏家人認同讚賞，這只是觸發惡性的家庭因素。他內心的執念是要成為有本事的人，偏情是省下力量為自己積蓄知識本錢；於是，常常自我封閉，不與人交往，把所有事情全面理性解剖，形成對人冷漠，對己疏離，造成不停鑽牛角尖的惡性循環。為避免面對自己軟弱無能的真相，也避免要克服人際矛盾的痛苦，結果掉進虛擬世界的性誘惑中。久而久之，滿肚理論、冷漠、麻木、寡情，凡事只從外在去分析追究，成為他隱藏的慣性模式，每一段婚外情的發生，都牽涉這些潛藏的深因。

如這個人悔改，常常忍不住流淚——珍惜的淚（發現受傷的太太不離不棄）、自愧的淚（看見自己的真相）、自愛的淚（恨惡從前沉睡、盲目傷人的自己）。由於愛與怒，決意轉身克服從前的慣性模式，重新學習愛神愛人，補償錯誤，然後再出發。這就是悔改。

筆者在輔導室目睹許多悔改的眼淚，但凡流出悔改眼淚的人，心靈質素都是比較優異的（可以參看《心理與心靈的重聚》27頁，闡析道德與心靈有何分別）。可是，人性麻痺、沉睡的更多（《心理與心靈的重聚》257頁），面對能悔悟和不能悔悟的人，饒恕的歷程則有所不同。下文會再詳述。

悔悟：激情後的冷靜

當我們仔細考察個案，不難發現悔悟在饒恕心理學中是處於核心，卻常被忽略的課題。悔悟，來自激情，和激情後凝結出來的冷靜。愛恨都是一種激情。我們若不恨惡罪(罪就是不符合人原創美善本性的生命狀況),就是恨惡上帝。這話原來有很深邃的道理,因為我們看見不足,就會恨惡,恨惡的激情放置在糊塗蒙蔽的舊我之上,就會產生自我挽回的動力;恨惡的激情若無處擺放,向內就會自傷,向外就會投射——認為是父母的錯、配偶的錯、社會的錯、教會的錯!把自己看成受害者,有一位案主說:「最衰是父母教我誠實守法負責做人,使我不敢作奸犯科,否則我已賺了第一桶金,發了達!」這就是向外投射的典型例子。

愛恨都是激情,只有良好的恨,叫人提升、上進、自愛;錯置的恨,使人自欺、自憐、自誇。愛與恨錯誤投放,就是榮辱錯置,虛榮勝於實榮,叫人自欺、自損。

大概大家都記得《聖經》裏一個故事,[註4]眾人把行淫的婦人帶到耶穌跟前,婦人慚愧地垂下頭,耶穌體貼又尊重地低頭在地上畫字;因行淫的婦人,把羞恥感恰當放置,自覺慚愧。反觀今日,有些犯錯傷人的人，毫無羞恥之心，反而譴責是眾人錯了，法律都錯了，自己是惟一的受害者。近年，價值顛倒，本末倒置的人愈來愈多，現代人把自己放置在「超人」(super-human)的地位上，「我做第三者有我的道理」，「我援交是我的自由」，「我偷竊，只是取回自己損失了的權益」。因為榮辱錯置，道德規範沒有反思內化，結果，遍地謊言。

近年，美國因着開採天然氣的新技術，損害許多農地和禽畜、動物。美國人把這個故事拍成電影《騙地謊言》*(Promised Land)*，諷刺銷售天然氣的環球跨國公司，裝神扮鬼，自編自導自演去欺騙農民。其中一位農民子弟恨惡貧窮，承包這跨國公司的銷售業務，後來，發現自己也受騙、被利用，開始「看見」，尤如詩人說，「求你使我眼目光明」(詩十三3)。他「看見」祖父與他年復一年把穀物倉庫油漆一番，他「看見」土地、「看見」親屬感情，猶如戲中的女教師「看見」祖先留下的村屋和河流，不離不棄，寧願賣掉紐約的住宅，回家。這番「看見」，使主角流淚，道出真相，拆穿謊言。

中國政府、權貴和圖利商人，也是累積遍地謊言，幾時上主給他們眼睛明亮，看見土地、看見人民、看見自己殘暴、爭權、流別人的鮮血，就可以悔悟、流淚、棄絕謊言。

事實上，悔悟的淚，是警醒，是恩寵，是回頭，是看見。

社會工作者需要處理家暴、性侵犯、釋囚、毒癮、賭癮、婚外情等等倫理課題，必須更深入去研究久被忽略的議題：「悔悟」的內涵、心理流動、如何引發等等，才可以輔導受害者真正饒恕。

受傷者：面對受傷

何謂受傷？一個人受了傷，在心理和心靈上的意思，就是人的自我與原創的整全自我撕裂 (splitting of self from the Being)。[註5] 意思是：人的內在小孩與外在角色決裂，人的內在焦慮，使他與外在環境分裂，以致產生各種精神毛病，人與人之間恐懼、懷疑、不信任，人與天地隔離，與造天地的天父隔離，對人不信任，都是受傷的境況。

在臨牀實務中，我觀察到有七個層次的傷害：(1)缺環：欠缺生存技能和欠缺撫養；(2)情緒傷害：受到父母、朋輩侮辱、恥笑、欺凌等等；(3)情緒傷殘：該種傷害超過那人當時年紀可以承受的，於是，當事人用僵化、解離等多種自衛補償，引致情緒、志向、信念傷殘，沒有健康的情感認同，損毀正向價值信念和人生志向；(4)吞噬：被家人親人的心理投射全面包圍，只能活在對方的期望和陰影下，自我萎縮，不能發展；(5)扭曲：自幼在邪惡、顛倒倫常的氣氛和價值文化下生活，甚至遭受嚴重虐待、恐嚇；(6)縱容：人性被過分驕縱，而產生自我膨脹，目中無人，嬌弱自恃，不能適應人羣，不能適應社會；(7)人性劇化傷害。(筆者在《靈性的光輝》99 100頁中有詳盡解釋。)

以上的闡析是關乎傷害的性質，至於受傷的後果，筆者想列出四個層次：

(1) 一般受傷：人與人之間性情相撞、攻擊、誤會、出賣，即不能承受的遭遇，例如失戀、分手、貶損自我觀感等；

(2) 身體永久傷害：天災人禍、交通意外、火災、虐打，導致部分肢體機能永久傷殘；

(3) 心靈永久傷害：性侵犯、性虐待、強姦、亂倫；

(4) 永久失落：孩子夭折、黑幫仇殺、在政治鬥爭中受傷害，例：「天安門媽媽」；孩子被綁架並殺害，例：寶馬山雙屍案。

單單描寫受傷的後果，已經教人震撼、痛苦；更遑論當事人親身經歷傷害，面對受傷，同時也是面對罪的故事。

罪的故事

筆者曾經談論過罪的翻譯和罪的意思。(《心理與心靈的重聚》，248-251頁)簡單來說，人與創造的源頭斷裂，就是「罪」的意思。[註6]中國有古詩道：「半畝方塘一鑑開，天光雲影共徘徊。問渠那得清如許，為有源頭活水來。」(朱熹〈觀書有感〉其一)人就像個池塘，若斷絕了活水源頭，就會死寂、枯乾，這種狀況，被邪惡挑動，自會產生惡行或罪況。

彼得斯(Peters，1994)[註7]形容人因為脱離創造的源頭，產生焦慮，引發七個層次的邪情惡行：

(1) 焦慮；
(2) 不信實、無信念；
(3) 驕傲；
(4) 淫慾；
(5) 自義；
(6) 殘酷；
(7) 毀謗神。

第(1)(2)種罪況是人與自己脫離，第(3)(4)種罪況是人與人之間的疏離侵犯，第(5)(6)(7)的罪況是人與神的決裂疏離。

我們在輔導室所見的個案，是由於別人的邪情罪況，被罪侵犯，又有些人因此產生性格病態、精神病態，又以罪侵犯他人。饒恕，就是穿梭於犯罪、被罪侵犯，既被罪侵犯，又犯罪傷人之間。

因此，饒恕，是多麼可貴，又多麼艱難。

饒恕的旅程

許多次，遇上朋友或案主與家人有深遠的仇怨，或者被上司陷害，都說「我不能饒恕」，筆者解釋：「饒恕是一個旅程。你雖然受傷憤恨，但仍然每月付上家用（或盡忠職守……），沒有報復、傷害對方，已經踏出饒恕的第一步。」對方才感釋然。

饒恕是一個旅程，但凡受傷者不耽擱在記恨的情懷中，也不在意念和行動上作出報復，已經是踏出饒恕的第一步。

在另文〈創傷、醫治、饒恕〉裏，提到饒恕的旅程，包括情感的認領、公義的算帳，其實這旅程也包括意義重建、人生信念和人的自我重整。

在輔導室近三十年來，最常引領受助者饒恕的經驗，是對婚外情的饒恕。一旦配偶犯了婚外情，即使願意饒恕對方，既往不究，重新開始，當事人仍然會落入極大的困擾中。

為什麼呢？因為婚外情的創傷直接打擊人間至親密關係的信任；信任是人類關係的基礎，失落信任，關係必定動搖。而且，最困擾當事人的是：對方是誰？日夕與我共枕同眠的人到底是誰？忽然有一種「我看錯了你」的錯落驚愕，再找不到估量對方的座標。這種信任崩潰、對方的貫徹人格破損是一種最深刻的恐懼創傷。在臨牀實務研究中，發現要醫治和重建信任，必須經過一連串的步驟(《心理與心靈的重聚》，312頁)：

(1) 尋覓婚外情的意義；
(2) 重建光明磊落的交往模式；
(3) 針對人格和關係的虛位，重建新的交往模式；
(4) 針對人格破損，作出改變和醫治；
(5) 實踐新的交往模式，重新體驗新的相依互信關係。

大概經歷一年至年半時間左右，經過生活上具體的考驗，受傷者在個人安全感和信任感真實地回升到8至9分左右(以1-10分計算)，這時候，才適宜實踐饒恕的禮儀。侵犯人者當時需要悔悟及誠摯道歉，這種致歉，由於出自內心體會對方的劇痛，可以是有言無言、具體象徵地重複許多次致歉，直至對方釋懷；有時沒有婚外情的一方，也會發現自己犯了一些毛病，也要致歉，彼此求饒恕，這是最動人的時刻。然後，雙方重立誓約，又以象徵的方式與過去的痛苦告別，永遠不再提起。

這樣的饒恕旅程，因為深刻堅實，產生個人及關係上的轉化，才可以達致堅實鞏固持久的更新改變，在其他冒犯和饒恕的議題上，也可以作為參考。

意義重尋

在饒恕的旅程中，最關鍵及最艱難的是意義重尋。「為什麼我丈夫熱心事奉，人品純正，人人稱讚，都會發生婚外情？」「為什麼我給丈夫許多次機會，屢次饒恕，他都沒有改變？」「為什麼愛我的是他？害我的也是他？為什麼幫助我的是他，傷害我的亦是他？」

這些喟嘆和疑惑，是常見的、典型的，正正説明人性在罪況中的矛盾、善變，也是新我和舊我同在，稗子和麥子共存的狀況(*Marriage, Divorce, Remarriage*, Ch.4, P.71-72)。若然當事人不能尋獲一個對婚外情裏外貫徹、合情合理的意義，便難以重建信任，歷史卡住，十年八年也不能釋懷，甚至一直恐懼擔憂，以致患上精神病症，對於分手、離婚、其他人際傷害，情況也有相似。

在意義重尋方面，由輔導實務經驗看出，原來主要是關乎個人成長、生命、個性的虛位、錯位，以及關係上的積憤、瘀塞、不滿足的虛位。

個人的虛位有許多，例如，太太很聰明能幹，先生沒有自信和主見，在性情上十分渴求讚賞、肯定、垂青；又例如：先生一向認真作事，規行矩步，從沒試過自由縱情活潑奔放的經驗，一旦經歷婚外情緣，發現可以恢復自己活潑的性情；又有人自幼喜歡冒險僥倖，挑戰自己的極限；又有人凡事糊塗隨意，不斷滿足他人需求；又有人成長缺損，追尋失落的媽媽或姐姐或媬姆；又有人在情感世界從未發育，一旦碰上激情肉慾，便無法自持等等，都是可能導致婚外情的個人虛位。

在關係上，糾纏的誤會、個性衝突、決定和話事模式衝突、一些聲線語調粗豪的女士貶損男士尊嚴，以及種種複雜情況，皆源自兩性的互動，惡性循環，都是一些關係上的虛位。

只要當事人用心去探討，就會發現雙方貫徹始終的個人錯誤慣性模式、人性虛位，以及關係錯綜複雜的惡性循環，心情就「呀！」的明白了悟，安頓下來，尋獲這場傷害對個人和對關係的啟示。如此類推，其他受傷個案，也需要追尋一個清晰的意義，才能釋懷。

例如，一位女士，年幼時被色魔非禮，回家告訴父親，父親張大嘴巴說：「那怎辦？」然後置之不理，交給媽媽處置，媽媽又性格軟弱，不知所措。女士為此一直不能釋懷。直至長大成人，與爸爸談心，才知道原來爸爸幼年時曾目睹同學在巴士上被人非禮，但噤若寒蟬，女兒的事引起他的回憶和自責，覺得自己應有此報，馬上內疚迴避。女士一直以為爸爸不珍惜自己，十分痛苦，但理解箇中真相後，便開始釋懷。

饒恕是否必然重修舊好？

這本書會從多方面糾正饒恕的錯誤觀念，即使懷有正確的觀念，實踐饒恕的人往往出現一些真實的矛盾和困惑，就是被別人虧損、傷害、侵犯，學習饒恕對方，是否必然與對方重修舊好？舉例說，家中弟弟不務正業，嗜賭借貸，並且屢次欺騙家人的金錢，若然饒恕了他，是否一定要與他保持密切聯絡？難保又再被欺詐？媽媽愛財如命，把女兒賣給色情集團，女兒饒恕了媽媽，是否等於能再度與她同住，建立關係，奉養她終老？媽媽年幼時拋夫棄子，孩子自小就失去母親的愛，長大成人，母親潦倒，回來尋子，饒恕，是否等於抹掉歷史，與她建立如一般母子的親密關係？

饒恕的列車：挽救——修補——恢復？

受傷，是由於二人的關係出錯、斷裂，來自二人互動的結果；饒恕，也必須基於二人的靈性、有素質的悔悟、更新而互動的結果，不可勉強。

我想以下列圖表，去表達饒恕的旅程和兩方的互動：

受傷一方	犯錯一方（雙方）
1. 倘若受傷者經歷第一重傷害，因心理創傷進一步跌入第二、第三重的惡性傷害。例：離婚子女心理受遺棄的傷害；	第一重：父母
因傷害無心向學，學業倒退，結果自殘、󠄀、網絡沉溺、離家出走，是第二重傷害；	第二重：自己
因街上遊蕩、空虛，濫交成孕墮胎，是第三重傷害；	第三重：濫交的異性
由於罪咎、自暴自棄，濫藥吸毒，進入第四重傷害。	第四重：朋輩和自己
在這種情況，必須「先」挽回及「攔截」；而第二、三重傷害，則要加以療傷、糾正。	

2. 保護受傷者遠離試探、困擾，糾正受傷者對傷害的不良反應，以免產生更深的傷害，遠離犯錯而不知錯的人，或知錯而不悔改的人。	
3. 獲得足夠溫暖、關懷、安全，才會減低心理防衛：不去退縮、報復。*	
4. 辨認傷害，認領情緒，認同人性共同的軟弱。	**有些人不認知錯誤，也不想改變。**
5. 獲得抵償，如： • 公義的抵償 • 物質的抵償 • 精神情緒的抵償	**能夠認知錯誤，也願意悔改的人：** **• 誠心認錯** **• 還錢、交還住屋、參與撫養** **• 陪伴、溫暖、經歷考驗，仍持續關愛**
6. 意義重尋（洞察、了解） • 斷裂 • 挽救 • 同理心	**悔改：** **• 明白自己的錯誤慣性** **• 痛改前非** **• 求饒恕（有時要公開認錯）**
7. 經歷信任、安全感、重建過程	
8. 安全、信任提升	
9. 徹底饒恕、恢復關係	

* 許多時候，溫暖、關懷不一定要從犯錯一方獲得，可以從其他人如朋友、導師、義工、社工所獲得，人若得不到顧念，很容易發展成報復傾向（destructive entitlement）（Hargrave, P.492）。

筆者常常看見教會或好心人士，犯了一個錯誤，以為受傷一方饒恕犯錯一方，必定因懷着饒恕的願望，並能立即抵達步驟9：徹底饒恕，恢復關係。事實上，如犯錯的是身邊人，例如：貪錢的媽媽、有毒癮的丈夫、暴力的叔叔、加入黑社會的大哥之類，不能認知自己的錯誤，也不樂意付出改變的代價，受傷者只能停留在步驟4，單方面釋放自己，但仍要與對方保持安全距離，不記恨、不報復，已經實踐了饒恕。

至於雙方關係仍然決裂，是否可以挽救？抑或可以恢復？關鍵在於犯錯一方的轉化和歷程，才能達致最徹底的復和；否則，受傷一方會繼續被利用、被欺哄、被傷害，那是愚昧、縱容罪惡，不是饒恕。

饒恕的凱歌

饒恕，是一趟珍貴而勇敢的旅程。不是説一夜之間，思想、情緒馬上倒轉過來，受傷的血立即停止傾流。饒恕，不單是一個行動，更是一種心態。饒恕，必然基於仁愛，也必然喚起公義的悟性，沒有理智、公義和悟性，那就未算是真正的饒恕。

筆者年輕時念神學，J. B. Torrence教授説：「光有仁慈而沒有公義，那只不過是一場傷春悲秋的情懷；光有公義而沒有仁愛，那只是赤裸的邪情。」"Love without justice is sheer sentimentality; justice without love is demonic."

網絡上流傳這個故事——〈人生的兩個包袱〉：

上帝指派了三個人，每人給兩個包袱，吩咐他們要在「人生」的道路上競走，到達名叫「幸福」的目的地。

第一個人走得很痛苦，他身上的包袱很沉重，一路上，每走一步就流下一行眼淚，包袱幾乎把他壓垮了。

第二個人走得很愉快，不過速度很慢，漸漸地他感到雙腿有些

發瘦。

第三個人一邊走一邊快樂地哼着歌，健步如飛，一下子就到達目的地。

第一個人忍不住埋怨：為什麼他們走得這麼快樂？我卻走得這麼痛苦？難道我的行李特別重？

上帝回答：「不，你們的包袱重量相同，這兩個包袱，一個裝的是『痛苦』，一個裝的是『快樂』。由於你把痛苦的包袱掛在前面，快樂背在後面，所以看不到快樂，當然走得難過又疲勞。」

上帝指着第二個人說：「他剛好跟你相反，他把快樂包袱掛在胸前，痛苦的包袱揹在背上，眼前看到的都是快樂，一路上當然喜悅；

至於第三個人，他不但把快樂放前，痛苦放後；還在痛苦的包袱上剪了一個洞，他一面走，痛苦就卸落地上。身上的擔子減輕了，

所以走得比誰都快。」

其實上帝除了給我們名為「快樂」與「痛苦」的包袱外，還送給我們兩樣東西，讓我們剪破痛苦的包袱，這東西都是神奇剪刀，名字分別叫「原諒」與「放下」。

那把剪破痛苦包袱的神奇剪刀，稱為「饒恕」，希望這篇文章送給你這把神奇剪刀，和操作剪刀的良好方法，讓你能在邪惡的世代仍然活得幸福！

「我必安然躺下睡覺，因為獨有你——耶和華使我安然居住。」(詩四8)

「你把旌旗賜給敬畏你的人，可以為真理揚起來。」(詩六十4)

「應當仰望神，因祂笑臉幫助我；我還要稱讚他。」(詩四十二5下)

註釋

1 李振綱(2000)。《智者的叮嚀》(第五章)。台北：雲龍出版社。

2 J. Jeffrey Means & Mary Ann Nelson. (1997). *Trauma & Evil*. Minneapolis: Fortress Press.

3 霍玉蓮(2011)。《愛在點滴親和間》(第二章及第三章)。香港：突破出版社。

4 〈約翰福音〉八章一至十一節。

5 *Trauma & Evil*. Chapter 1.

6 Tillich, Paul. (1967). *Systematic Theology: Three Volumes in One*. Vol. II. Chicago, University of Chicago Press.

7 Peters, Ted. (1994). *Sin: Radical Evil in Soul and Society*. Grand Rapids, Mich: William B. Eerdmans.

參考書目

J. Jeffrey Means. (2000). *Trauma & Evil: Healing the Wounded Soul.* Minneapolis: Fortress Press, USA.

芙若瑪．華許 (Froma Walsh) 博士，劉淑瓊譯 (2011)。《家族治療的靈性療癒》。台北：張老師文化。

李振綱 (2002)。《智者的叮嚀》。台北：雲龍出版社。

霍玉蓮 (2011)。《愛在點滴親和間》。香港：突破出版社。

霍玉蓮 (2009)。《心理與心靈的重聚》。香港：基道出版社。

霍玉蓮 (2012)。《靈性的光輝》(第六章「靈修與心理學」)。香港:靈根自植。

Tillich Paul. (1967). *Systematic Theology: Three Volumes in One*. Vol. 2, Chicago: University of Chicago Press.

Peters, Ted. (1994). *Sin: Radical Evil in Soul and Soceity*. Grand Rapids, Mich: William B. Eerdmans.

Hargrave, T. D. (1994). *Families and Forgiveness: Healing Wounds in the Intergenrational Family.* New York: Brunner / Mazel.

饒恕是超越人類所謂的公正，
它赦免那些完全無法寬恕的罪行。
魯益師（英國作家）

悔改生於饒恕——為人類解咒的祕笈

霍玉蓮

「天上的星星，為何又像人間一般的擁擠？地上的人們，為何又像星星一般的疏遠？」(齊豫《答案》)

好一首簡潔動人的歌謠，寫透人間的苦澀疏離。為什麼人羣活得這麼近，肩摩轂擊，但彼此的心靈又疏隔得那麼遙遠？是不是人類受了永遠不能相親相愛的詛咒，至今尚未找到解咒的良方？

秀珍一直討厭她的丈夫忠仁，因為她為了逃離嬸嬸的家才被迫嫁給這個粗漢。她一直恨惡嬸嬸，因為有了親生女兒後就對她呼喝打罵。她不知道她心底更怨恨的是母親，為什麼她在九個兒女中偏偏揀了她送給嬸嬸？是自己長相不好嗎？是母親不愛自己嗎？雖然她明知道是戰亂，是貧窮，是由於父親病逝，但她不能原諒她的前半生。

文兒和晴晴是青梅竹馬的好朋友，她們是那麼要好，志趣相投，年少時候彼此勾着尾指說一生不分離的。文兒戀愛的時候，事事向晴晴傾訴。後來失戀，發現男朋友的心另有所屬的，不是別人，竟然就是十多年的患難知交晴晴。自此，彼此再沒有來往。

浩維發現了太太的一段婚外情，無論太太如何表示悔改，浩維一閉上眼睛，就彷彿看見太太跟別人上牀，痛徹心脾，無法重修舊好。

家堯、家富兩兄弟因供養父母和供樓的誤會吵翻了，彼此不肯先開腔溝通，冷戰了四年。

敏絲心中有一個祕密，無法告訴別人，就是幼年時被父親性侵犯。經過長期的心理輔導，才重拾自尊，學習原諒已經逝去的父親。

悔改先於饒恕？

從事輔導工作多年，常常聽見這樣的表白：「除非他肯認錯悔改，否則，我怎也不能原諒他。」這是一種期望以悔改買贖饒恕的哲學。驟耳聽來，先悔改才可以饒恕，合情合理；深入探討下去，才了悟這完全失掉了饒恕和悔改的真義。持着一種態度，要索取對方的悔改、認罪、補償，彌補自己的虧蝕和損失；這樣的人，未能拔除內心的苦毒恨怨，未算真正饒恕。即使對方低首下心的道歉，他仍有機會執著一些漏洞，說對方悔改未夠真誠，改過的行為不夠徹底，把從前不順心的事又數一遍，嗚嗚咽咽的彷彿又再重新受罪。

這一類「受害者」把自己的地位提高一等，渴望心中的「罪人」填補自己生命的缺口，空餘白費一生在期待，那苦毒怨戾卻蔓延至後人。那被定為罪人的，只會增添怨憤，或死力自圓其說，或貌合神離，或遠走高飛。明知自己行為上犯了錯誤，卻不能心生悔悟。懊悔是在愛心、接納，和饒恕中才能誕生的情懷，是一種戰慄的自省。

饒恕和悔改並不是行為上加分減分的邏輯判斷，而是屬乎心靈的更新，所以，饒恕是一段心靈的掙扎，悔改也是一段心靈的旅程。

兩個追討的故事

戲劇大師雨果筆下的文學名著《悲慘世界》*(Les Misèrable)*膾炙人口，而且搬上舞台，成為震撼人心的舞台劇，歷久常青。因為故事探討人間最深奧的課題：愛與寬恕。

劇中的主角尚萬強 (Jean Valjean) 生於工業革命時期的法國，他犯了罪，就是偷了店舖的麪包。他生命中纏上了兩個影響他一生的人物：一個是代表官府執行法紀的捕快賈維爾 (Javert)，這位正義的執法者走遍天涯海角誓要把他緝拿歸案，繩之於法。另一個是米里艾主教 (Bishop Myriel)，他在逃亡中於主教家中留宿，主教寬厚的招待他吃喝。爛命一條的尚萬強，想到前路茫茫，無以維生，頓起貪念，偷了主教的兩隻銀杯，瞬即被街頭的捕快追緝到，押返主教家。主教說：「這兩隻杯是我送給他的，還有兩隻，他忘記取去。」又隨即把另外兩隻銀杯塞到尚萬強的手裏。

尚萬強被主教憐愛、饒恕、接納的體驗，成為他一生的轉捩點。在神學上，尚萬強所體驗的稱之為恩典，就是白白的、無條件的、不計代價的被重視、被愛的經驗。

尚萬強悔改了。他的一生被扭轉過來。悔改的心靈旅程最少經歷四個階段：

(1) 認知上的徹悟；
(2) 感觸上的扭轉；
(3) 心生悔疚；
(4) 承諾新的行為模式。

尚萬強在主教的恕宥中開始有新的領悟，他素來內心的自白是：「全世界都虧待了我，對我不公平。我沒有錯，錯的是……」在愛和恩典中，他內心產生頓悟，有新的發現，組成新的自白：「沒錯，我的人生比較困苦坎坷，但不是全世界都虧待我。主教不單沒有虧待我，而且恩待我，還有我的父母、我的同工、我的兄弟，每天的太陽和朝露蔭庇我。社會有錯，我也有錯，偷呃拐騙，徒添無辜者的虧損。」第一個層次的領悟是世界觀的轉變。

悔悟的第二個心靈旅程，是感觸上的變遷。不肯悔罪的人常有自憐和自義的傾向，他們的感受是悲苦、恨怨、無助、憤懣和抗議。在愛和寬恕的體驗中，心眼兒開了，情感也舒展了，開始有空間體會、反省自己對別人造成的傷害，感受轉變為羞愧、歉疚、悲憫和惻忍。感觸上的變遷，推動第三、第四個階段的心靈旅程：認罪和決志。

第一、第二個心靈旅程是一種翻天覆地的經驗，是一個人對自我徹底的挑戰。一個人要是對恩典的體驗不足，很容易被內疚、羞愧的巨石所埋葬，永遠無法踏出第三、第四階段的心靈更新之旅。出賣耶穌的猶大便是這樣一個例子。

雨果筆下畢生追討尚萬強的捕快，便是另一個例子。賈維爾一生以執行正義為己任，要追討「犯了罪」的尚萬強。在一場革命戰事中，他們再次相遇，可是角色卻逆轉，賈維爾成為了革命青年逮捕的階下囚，而執行處決的竟是尚萬強。敗在敵人手下，賈維爾頓感戰慄、憤怒；尚萬強在歎息、悲愁中，卻選擇無條件地把賈維爾釋放了。

賈維爾一下子天旋地轉，他的人生觀、世界觀全部受到質疑和挑戰，他不斷反問自己：「到底我是個定罪者，還是個犯罪的人？為什麼一個十惡不赦的『罪人』，竟肯赦免從前指證他的人？」他無法放下內心的自義，無法平衡心中的惶恐和混亂，終於投河自盡了。類同猶大的命運。

這個故事的確寓意深遠，定罪者卻同是犯罪的人，被寬恕的也在悔罪中寬恕人。耶穌有許多次面對稅吏、妓女、淫婦，滿有體諒和恩情的說：「我也不定你的罪，從此不要再犯了。」這些社會上被判為「人渣」的犯罪者體驗了新生。

饒恕和悔罪似乎是無法分割的，在寬恕中我們徹悟悔改，在悔改中我們更有能力和胸襟去饒恕。這是斷不了的循環，也是人生觀和自我觀的一再突破。

饒恕先於悔改

未信主之前，我常常聽見講壇上發出這樣的信息：「你們都是罪人！趕快悔改。若你們能及時悔改，便可以與上帝一起上天堂；否則，便下地獄受火湖的永苦。」講員聲嘶力竭的講論完畢，便着我們個個低下頭，帶點威逼利誘的催我們舉手決志，否則明天走出街遇上交通意外，再沒有機會悔改上天堂。

年輕的我對於這些什麼悔改上天堂、不悔改下地獄的信息，十分反感，對於這等條件交換的信仰和要挾，我嗤之以鼻。若然上帝果真是這般無能地威逼利誘，我是寧死不屈的；與這樣功利威嚇的上帝一起活在天堂，也沒有什麼令人嚮往之處。幸而，上帝應許說：「尋找，就尋見；叩門，就給你們開門。」我終於遇見了不講條件交易、悲憫深情的上主。

及後，我有機會進修神學，才明白青年時期接收到的教會信息，其實是教會對加爾文主義的錯誤詮釋——歸信基督就是以悔罪的行為去贏取救恩／寬恕的方程式。

一五一七年，馬丁路德改革宗教以前，傳統天主教堂就是以拜苦路、善行、補贖等各種功勞苦勞換取上帝的赦免。馬丁路德以因信稱義的全新體會來認知信仰的神髓，開創了改革宗，成立有別於天主教會的基督教會。其後，加爾文又把所有信仰教義綜合闡釋，成為教會日後的圭臬。

可是，人類總有一種條件交換的思想傾向。追討者尋求血債血償，負債者尋求自苦自虐，以抵罪填命。即使教會領袖，也沒有超越這種交換和抵償的觀念，無法理解上帝那種白白的恩情。所以，後世教會詮釋加爾文主義的時候，有意無意間相信，即使不靠苦行、功勞，人類也一定要首先悔罪才可獲得寬恕。無形中，悔罪也成為了交換寬恕的首要條件。多謝神學家巴特 (Karl Barth) 的貢獻，他把信仰的實質弄清了；無疑，人必須徹底悔悟才能領受和體驗心靈上的寬恕，可是，上帝的寬恕先於人類的悔改，而人類悔改的基石完全在上帝首先無條件的愛、接納和寬恕。上帝是不問情由、不問後果、不計代價的犧牲至親兒子來擁抱人類，來撫觸人類受苦受害的傷痕，在默默無聲中首先不計既往，把人類完全接納和寬恕。耶穌釘在十字架上，五臟六腑抽搐，乾渴無水，被自己愛憐、救贖的人羣苦害，靈魂也被迫與摯愛的天父短暫分離，但祂在十字架上説什麼？

「父啊！赦免他們，因為他們所作的，他們不曉得。」

(路二十三34)

耶穌基督不光捨身饒恕未懂得認罪悔改的人，在祂悲憫憂傷、參透世情的眼光中，甚至寬恕那些不曉得自己作惡、悖逆、自毀的人類。

饒恕來自基督，來自最大的愛。最偉大的愛才能夠贏取最終極的得勝。

雨果的《悲慘世界》寓意人世間的真理。捕快賈維爾不斷追討罪債，只換來尚萬強的逃避、抵賴和反抗；米里艾主教的慈愛寬恕，卻令尚萬強重獲新生。人間本來就有這兩條路，我們都是被罪者 (the sinned against)，卻沒有一個是完全無辜的人，就要看看我們如何選擇。

饒恕的難關

當我們決意選擇饒恕的生命時，我們尚要跨越幾個重大的難關，就是饒恕自己、饒恕生命、饒恕上帝。

許多時候，無法饒恕的人有時不單是受傷太深或受苦太多，更是無法將生命裏苦澀的鬚根徹底拔除。他們不單止恨怨別人，骨子裏其實也在恨怨自己、恨怨生命、恨怨上帝。

也許，人類是由恨怨所生，生來便受到許多苦澀不滿所侵。也許，人生歷史是一團大缺憾，社會太貧窮，人心太涼薄，制度太多漏洞，權力太囂張，世界太不公義。愈是在心裏追求美善公義的人，愈是敏感於人間的悖謬乖張，一旦自己掉進了害人或受害者的大漩渦中，很容易將不滿和苦澀投射，一是苦害自己，一是怨恨別人，一是辱罵上帝。

學習饒恕自己

學習饒恕自己的第一步，是承認我們常常有意無意中傷害自己。我們因無知、懦弱、恐懼、缺乏能力、缺乏智慧，常常傷害自己、傷害別人。我們因一時失慎，錯誤選擇配偶；選錯學科，無心向學；選錯職業，不敢轉行。我們做不成好父母，做不成好妻子/丈夫，做不成好兒女，更做不成自己心目中成功的人。

我們抽煙、嗜酒、豪賭、瘋狂購物、超時工作、麻醉身心；我們心底裏說，我們人人都可以饒恕，就是不能饒恕自己，因為自己不可能像別人那麼盲目、軟弱和糟糕。我們不是把自己看得太高就是太低，總不能把自己看得合乎中道。

若然我們不幸做了一件一生無法彌補的錯事，就會掉入自責的「淵藪」，無法自拔的網羅。俄國作家杜思妥也夫斯基在《罪與罰》*(Crime and Punishment)*中，把人自我饒恕的掙扎描寫得淋漓盡致。拉斯柯尼科夫(Raskolnikov)謀殺手無寸鐵的老婦人，作了罪大惡極的事，他無法隱瞞良心的罪咎，終於自首。在牢獄中，他仍然無法饒恕自己，掙扎中，他為自己開脱、自圓其說：「也許是命運作祟，這樁謀殺案是無法避免的。再者，千萬人不也是死在拿破崙手下嗎？為何他名留青史，贏得後人紀念？」他沒有勇氣譴責自己，更害怕承擔那隨罪咎而來的羞愧和恥辱。至終，在遜尼亞(Sonia)無條件的愛、接納和等待中，他痛哭懺悔。

自我饒恕的最高境界，是把分裂矛盾的自我重新整合，與自己和好。惟有能夠饒恕自己，才能饒恕他人。有一次，一位出色的訓導主任與我分享一件他深感痛悔的錯事，他自覺再沒有顏面去訓導學生；我對他說，正由於他犯了錯，又勇於面對錯誤，他才能更了解和體諒犯錯的學生，更有資格當訓導主任。自此，他果真更加能夠誘導學生正視錯誤和悔改。

學習饒恕生命、饒恕上帝

許多人的饒恕難關，是無法饒恕生命，感到生命對他們太苛刻、太不公平。他們在心底說：為何我要生於這個家？為何我有這樣不稱職的父母？為何我得不到恰當的栽培？為何我長得不夠漂亮、不夠聰明？為何我的努力得不到賞識？為何我沒有機會多讀點書、多賺點錢？為何我的兄弟、我的同伴往往較我成功、優勝？

事實上，生命中許多匱乏和殘缺是令人不平和苦惱的。但凡關心社會、體恤蒼生的人，面對人為的苦難、社會的苦難、無端的苦難，都會感到憤怒不平，無助難堪。饒恕生命並非代表認同和接納人生的缺憾，或背後的不公義，而是對人生有扭轉的盼望和信心。

這種人生觀的扭轉，不是單憑頭腦分析而獲得；因此，社會學和哲學常常使人頭腦更加細密精巧，使人明白問題更多，卻不能給人帶來生命的饒恕和盼望。

饒恕生命的過程是敢於與上帝摔交和角力。一個受苦受傷的心靈，不管他是犯罪者或是「被罪犯」的人，他在生命的折磨和掙扎中少不了向蒼天詰問。不敢向上帝算帳，便未能真正認識上帝，饒恕上帝的第一步是容許自己的心靈坦率地說話，那自然浮現的，是創傷的遭遇和經驗；然後，心靈的自然反應是質問上帝，咄咄相逼，為自己伸冤算帳；或者甚至憎恨、憤怒、厭惡上帝的無能或袖手旁觀。當我們容許自己的心靈真誠地剖白的時候，在筋疲力盡之餘，我們才會開始為上帝申辯，信任上帝的慈愛和大能。

在與上帝的角力中，上帝會藉着其他人、生活遭遇、大自然向我們說話，啟迪我們。與上帝對話和角力的體驗因人而異，但一般會包含饒恕生命、饒恕上帝而重組出對生命、對上帝的認識：

(1) 我們體認到這個美善卻又殘缺的世界，是我們身處的現實世界，我們必須學習在不自由中行使我們的自由意志，不做機械人、天使或木偶，而是像上帝一樣，在愛中擁抱世界的缺憾，安然地活下去。

(2) 我們能夠安然地生活下去，是因為我們可以參與上帝在人類歷史中革命的進程。於是，我們不至於沮喪、絕望。

(3) 在苦難中，我們驚訝地發現上帝背負着我們，與我們一起受苦，甚至祂所受的苦更痛切、更傷心。

(4) 我們開始體會上帝在沉默中的堅忍，甘於被屈辱的慈愛，體會祂早已饒恕我們；我們也因此可以饒恕自己、饒恕生命、饒恕別人，重獲自由和諧的新生。

天上的星星，靜靜地俯視羣生，聆聽人間痛苦的呻吟和笑語，而地上莽莽的蒸民啊，仰視星辰，仰望穹蒼，在創造的背後也許早已啟示了為人類解咒的祕笈。

饒恕的行動帶着許多大能。

它維護了人性的尊嚴，讓我們有方法及能力行出饒恕……

Raja Shehadeh（見證以巴衝突的巴勒斯坦律師）

「六四」的饒恕

霍玉蓮

在一個風和日麗的午後，白花花的陽光把田畝都曬得熱烘烘的。在這樣一個沒有理由發生災難的午後，在本來一片和平安詳的氣氛中，災難卻從天而降。在這個小村莊的籬笆下，一團鵝黃的小雞毛隨風飛散，凌亂的羽毛沾着灘灘血迹，尚留着點點餘溫。母雞咕咕啼叫，亂拍着翅膀，淒厲地悲鳴。那兇猛的兀鷹把青嫩的小雞兒銜走了，都是手無寸鐵的兒女，是母雞的寶貝兒，全無還擊之力。鵝黃的小羽毛沾着鮮血，在空中飛舞，點染着那掙扎的痕迹、那掙扎的控訴。

母雞呢？啼破了喉嚨，抓損了趾爪，在一個安詳和平的午後無助地悲鳴。

一個小孩走過，悲憤地咬牙切齒，拿着彈叉說要去追殺兀鷹。

一個鄰人走過，看見母雞啼血，看見小孩悲憤，他會說什麼呢？他會作什麼呢？

一九八九年六月四日，在本來釀着和平熱血氣氛的天安門廣場，一場災難驟然發生了，一輛一輛鐵造的坦克車輾過廣場，輾過了血肉，輾過了無辜的肢體，血迹斑斑。

在熒光幕前觀看着整場劫難，一位年輕的弟兄搥胸頓足，悲憤莫名，豆大的眼淚不自禁地爬在臉龐上，為這殘忍、兇暴、非理性的人間醜劇，心裏悲憤徬徨。

他的良心跳動着，向教會長者申訴，在發問，在疑惑，在憤怒，我們可以作些什麼？上帝在哪兒呢？

教會的長者冷靜地說：「親愛的弟兄，《聖經》不是告訴我們『不可含怒到日落』、『要愛你們的仇敵』、『饒恕七十個七次』？」

弟兄忽然啞口無言，這些的確是《聖經》的教訓，作為教會中堅、屢次任靈修部職員的他，實在啞口無言。但，他心裏絞痛，怎麼可以不憤怒？怎麼可以饒恕？難道自己不夠屬靈？難道？難道？為何教會牧者長者可以這麼冷靜？那站在坦克車面前的白衣青年又出現眼前，木頭車推着一個一個血迹斑斑的青年，那絕食的頭巾隨風飛揚，彷彿童稚無知的聲音不斷在迴響：「媽媽，我沒有錯！」「媽媽，我沒有錯！」

弟兄頭昏腦脹，心臟撕裂，矛盾得幾乎想尋死。

以上是六四大屠殺事件以後一個真實的故事。讓我們回顧文章開首的寓言故事。倘若你是一個鄰人，剛巧走過，你會不會要求小孩子首先原諒兀鷹？倘若耶穌基督經過，祂會怎樣？祂會不會首先要求小孩子原諒兀鷹？

作為一個有良心的人，作為一個熱血的中國人，作為一個誠懇的基督徒，我們在四方八面接收着許多混亂的聲音，不同教會有不同的教會傳統，令良心敏鋭的弟兄姊妹承擔着痛苦的掙扎。本文嘗試沉澱了筆者多年來的思考和反省，與讀者一起探討「六四」的饒恕。

歷史事件有別於個人事件

首先，「六四」事件是一樁含有政治意義、具社會性和歷史性的事件，有別於個人倫理事件。

八九年六四民運事件轟動全球，作為中國人的一分子，我們目睹整個事件的發生。五年後的今天，淚也許不再洶湧，但心底的傷口還在隱隱作痛。「六四」民運事件，作為國際舞台上的事蹟，這事件震動了蘇聯、東歐等鐵幕國家，直接間接地產生了骨牌效應，推倒了柏林圍牆，然後捷克、波蘭、羅馬尼亞、保加利亞、蘇維埃共和國，一個又一個共產政權解體，在歷史上翻起前所未有的波濤。

所以，「六四」民運事件所牽涉的人物、事理、受創傷的層面，都較個人倫理事件複雜而多面性。故此，在談論饒恕之前，我們先要弄清楚誰去饒恕誰？

誰是受害者？

在災難性的社會事件中，有好幾層受害者，每一類受害者在饒恕上的角色各有不同。「六四」屠城事件，第一層是直接受害人，譬如王軍濤、陳子明、王丹、韓東方……和所有在天安門參與民運事件傷逝的學生、市民。第二層是間接受害人，譬如直接受害人的家屬鄰里，和中國其他省分受牽連、受損的人。第三層是觀望受害人，主要是香港和各地的華人同胞，有着感同身受的悲傷，承受着骨牌式的惶恐和威脅感。

在災難性和劫難性的社會事件中，惟有第一層直接受害人，才有資格去饒恕那使人受創受傷喪命的殘害者；許多時候，第二層間接受害人，尤其是當事人的親屬、家人，所受的創傷與第一層直接受害人同等，他們也享有饒恕殘害者的權利。至於第三層的觀望受害人所受的悲憤和創傷，無疑需要哀悼和表達，但卻不如第一層受害人有直接饒恕殘害者的權利。就如在強姦案件中，惟有被姦者有權去饒恕強姦犯，至於旁觀者無論如何了解事情，如何悲慟，也不能代替受害人去饒恕。故此，教會牧者在講壇上教導弟兄姊妹要饒恕鄧小平、李鵬，其實是犯了一個基本錯誤，以致造成弟兄姊妹有錯謬的罪咎感、錯綜矛盾的心理。一些間接受害人和觀望受害人在饒恕的過程中，最重要的是本着良心，以最單純直接的情感去支持、同情、安慰直接受害人，表達公義，伸出援手，抗衡繼續蔓延的侵犯和迫害。這樣子，就本着真理成全了愛和公義；亦只有這樣，直接受害人才能獲得力量、慰藉，撫平創傷，有能力和信心去實踐饒恕。愈是巨大複雜的社會事件，這個饒恕的過程愈漫長。

相反，旁觀受害人不斷以勸告、督責的姿態，要求弟兄姊妹和受害者饒恕，只有徒添更大的不公義、冤屈和受創，不但對饒恕毫無幫助，且讓苦毒和罪咎滋長。

要饒恕誰？

劫難性的社會事件有其社會性、歷史性、政治性的幅員。然而饒恕的神學最大的流弊和危機，就是把複雜的政權和社會制度個人化和心理化；如此，在混淆中可能助長惡勢力的滋生和鞏固了不合理的政權。

以「六四」為例，若然我們簡化地說在事件中雙方都受了創傷，需要彼此饒恕，酷愛和平的弟兄姊妹聽起來覺得十分美好，十分吸引，殊不知這種說法把「六四」屠城者簡化成一、兩個人的作為，違反了事件的真理，犯了大錯。事實上，當我們誠懇認真地思考，我們自然會問：若我們要饒恕，是饒恕誰呢？是饒恕鄧小平？李鵬？楊尚昆？執行殺戮的軍隊？失敗了的趙紫陽？噤聲的高幹？愈想下去愈是可怕，整個事件的爆發和衍生有着整個政權和巨大勢力去包庇、推動。《聖經》教導我們面對邪惡勢力不是一味的饒恕，而是像先知一樣，提出警告，竭力揭示真理。歷史告訴我們，惟有良心鬥士和正義鬥士不斷發出抗衡邪惡政權和勢力的呼聲，使掌權的人有機會蘇醒和回轉，社會才能踏上正途。這要求信徒有極大的道德勇氣和屬靈辨識力。

饒恕與忘記

在個人恩怨的事件中，許多時候饒恕亦意味着把事件淡化、忘記，但在未有是非定論的「六四」歷史事件，有一個口號說得很好：「不想回憶，未敢忘記」。至於那些早已有歷史公審和歷史定案的事件，如納粹屠殺事件，德國好些地方都建立紀念館，搜存集中營紀錄影片、殘骸，來標誌曾經發生的歷史事實，其用意一則是悼念死難者，二則是一種象徵行動——承認歷史罪行和懺悔。有了這誠實而具體的懺悔，才能阻止相類似的事件再度發生。

關乎是非恩怨的記憶有兩種：第一種是報復性記憶，就是牢記事件以增加怨恨、苦毒的心，計劃報復，索取補償；武俠小說裏面一代一代牢記的仇怨就是這一種。第二種是救贖性記憶 (redemptive remembering)，就是以公義、勇氣和盼望的精神，牢記、搜集、保留客觀事實，讓是非彰顯，用以阻遏虛謊邪惡的勢力，讓正義的聲音有吶喊的機會。

在「六四」一周年紀念的時候，李怡以齊辛的筆名在《信報》的專欄曾經這樣寫：捷克人民終於推翻共產政權，有重見天日的一天；捷克人民只是做了一件事，就是蘇聯自一九六八年入侵的苦難，他們一直沒有忘記。捷克人民不忘記歷史，至終造就了他們的救贖。捷克小說家米蘭·昆德拉創作了不少文學名著，都是把國家的苦難雕塑和重繪，以致深印人民心裏，不隨便忘記。

故此，基督徒面對「六四」的態度，應該是正視，認識真相，不敢遺忘；也許只要所有有良知的中國人都牢記「六四」事件，中國才會出現光明的一天。

饒恕不是什麼？

在信徒虔誠地跟隨基督的腳蹤，竭力強調饒恕之餘，我們最好能澄清饒恕不等同些什麼，好讓在複雜的歷史事件中不會自欺和自圓其說。

史密司在《寬恕與忘卻》一書中，以一整章篇幅描述饒恕並不等同什麼。[註1]他詳列出：

(1)饒恕不等同於忘記；
(2)饒恕不等於辯解和借口；
(3)饒恕不同於消解衝突；
(4)饒恕不等於接納人；
(5)饒恕並不是無限的容忍。

以「六四」事件來說，歷史的傷口尚在淌血，五年後的今天，實際和善於適應的香港人移民的移民，賺錢的賺錢。但在「六四」遊行中，竟然還有四萬至六萬人，由遮打花園步行至新華社，浩浩蕩蕩；在「六四」悼念燭光晚會中，竟然還坐滿了維園四個球場，閃動的蠟燭有若點點的熱淚。參加者不畏風雨，是這麼肅敬，情感投入，使人感動。

饒恕不是逃避艱難的現實，饒恕不是自我慰藉的借口，真正的饒恕從來不會製造駝鳥，不會消滅義怒。饒恕不是懦弱的化身。

如何實踐「六四」的饒恕？

要實踐「六四」的饒恕，第一步是要誠實和熱愛真理。我們要多次多方了解事實真相，包括了解「六四」直接受害者在中國大陸的實況，主動搜尋有關資訊；其次是要了解這個酷似猛獸的政權的真相，多閱報，多了解有關現今政權的分析；再者是了解自己到底是受了什麼傷害，是否感到被出賣、被欺壓而無能為力？這些傷害的底層是什麼，是焦慮恐懼嗎？是悲哀憤怒嗎？是盼望公義得勝嗎？是缺乏安全感嗎？我們要了解自己所受的傷害，才能夠尋求醫治。

第二步是尋求醫治。羣體受歷史創傷需要尋求羣體的醫治。教會領袖作為羣體的領導者，有責任以一種健全而符合真理的神學，帶領羣眾，安慰羣眾，作弟兄姊妹的守望者。若然教會領袖未能領悟出合乎真理的神學，弟兄姊妹需要彼此肯定，互相支持，正視和治療創傷。承認和正視創傷是療傷的第一步。悲憤、損傷、喪失、傷亡，在人性上需要一段哀悼的過程，一年一度的悼念聚會、哀悼儀式，對心靈的復康很有幫助。

第三個導向饒恕的步驟是尋求正義和平反，尤其在行動上具體支持第一層的直接受害者。惟有對正義和真理鍥而不捨的奮鬥和堅持，才能逐漸把苦毒的鬚根拔除，讓受苦者得着安慰和信心。韓東方就是一個動人的例子。在一九九四年的「六四」紀念聚會中，韓東方不但勇於出來分享，他還在分享中和平地尋求上帝對「六四」事件的饒恕。韓東方於過去幾年，經歷了許多香港人的肯定、支持、安慰和奔走；若全港市民噤若寒蟬，沒有民主運動，沒有反對聲音，恐怕韓東方會質疑世界有沒有公理，而且會更怨毒失望。

歷史上，以愛和饒恕的態度採取積極抵抗罪惡的，最難得的榜樣就是美國黑人民權領袖馬丁路德金。馬丁路德金一生堅持以非暴力精神抵抗白人對黑人的種族歧視，他組織過全市杯葛巴士行動、和平示威行動、示威者自願入獄行動、華盛頓長征，以行動不懈地爭取人類平等和公義。最終，壯年的馬丁路德金遭到暗殺，為理想捐軀。馬丁路德金貢獻其一生，為廣大的黑人謀求公義和幸福；他的一生更示範了立足在愛的基礎上的非暴力精神——並非懦弱的投降主義，而在饒恕中可以積極行動抵抗邪惡。

最後，我想特別強調，饒恕最大的動力和資源來自信心和盼望。面對歷史災難性的欺壓，人的心靈脆弱得有如一隻小螞蟻，在橫蠻的強勢欺壓下痛苦掙扎，人性的自然反應是憤怒，將憤怒向外投射衍生苦毒仇怨，將憤怒向內抑壓變成沮喪、抑鬱、無助。

英國發生一樁舉國哄動的「祈德福四子」(Guildford Four) 平反案件，一九九三年真人真事更被搬上銀幕，拍成膾炙人口的《因父之名》*(In the Name of the Father)*。案件主要關於四名愛爾蘭人被誣告為愛爾蘭共和軍，製造炸彈罪名成立。四名無辜的愛爾蘭市民身陷囹圄十五年，老父生命衰殘了，主角年輕的歲月給毀了。這案件除了反映英國司法制度的漏洞以外，其實也是愛爾蘭人和英國人種族仇怨的剪影。長期被英國人欺壓的愛爾蘭人，面對這件冤案，明顯有兩種反應：一是滋長苦毒仇怨，以暴易暴，所以，每逢聖誕、新年，倫敦鬧市、商店都鬧炸彈恐慌；二是善良的愛爾蘭小市民，把自己埋葬在沮喪無助之中。大部分香港市民經歷過「六四」事件以後，都患了一種麻木無助的痛症，像愛爾蘭人一樣，浸染在由憤怒化成的無助無望毒液之中。

我想指出，沉默、麻木、投鼠忌器，只是以暴易暴的反面，並不是饒恕；真正能夠饒恕的人背後有一種強大的精神力量，並且對永恆的公義抱有落實的盼望。陳士齊博士從神學角度分析馬丁路德金的非暴力精神，曾這樣寫道：「因實踐愛的非暴力精神而受苦的人，必然是看見救恩的遠象，或相信非暴力精神最終會勝利……他確信整個宇宙都處於一個愛的深層目標的掌管之中，確信人在努力追求公義之時，有一位涵蓋宇宙的良伴，而且，在世界嚴酷的表面現象底下，他堅信宇宙間有一良善力量。」[註2]

黑人領袖曼特拉憑什麼力量熬過他在牢獄中綿年的鐵窗生涯？中國內地的民運鬥士王丹、王軍濤、陳子明，和許許多多尚未得到自由和公義的同胞，他們憑藉什麼渡過黑暗、等待黎明？

對中國充滿熱愛的白樺寫了這樣一首詩，名為〈再生〉：

對於在十字架上流盡鮮血的上帝，
死是漫長的疼痛的熄滅，
是人世苦難的集中體驗，
是大悲意念的最後完成。
對於在風雪中終於倒伏的小草，
死是暴虐下的極度屈辱，
是難以瞑目的強烈憤怒，
是千萬次抗爭經驗的累積。
但上帝和小草都能夠再生，
當春水從人們眼中湧向大地的時候，
上帝微笑着從十字架上走下來，
小草挺起最柔弱也最具韌性的腰肢，
復活必然成為一個莊嚴的節日，
歡歌一如生命，無所不在。

我願以這一首詩送給大家，「六四」的風暴過去了，中國的同胞、香港的小市民承受着未愈的創傷，我們有沒有信心和勇氣挺起腰肢？五月的陽光散發着義怒，也散發着明天再生的盼望，拯救我們不至於頹喪失望。

寫於「六四」五周年

註釋

1 Smedes, Lewis B. *Forgive & Forget*, Harper & Row, 1984, ch.5.（中譯本：黃美珠譯：《寬恕與忘卻》，台北：洪建全教育文化基金會，1996。）

2 霍玉蓮（1993）。《我有一個夢——馬丁路德金小傳》（頁181-182）。香港：基道出版社。

沒有真相就沒有正義，沒有懺悔就沒有寬恕，

只有當這一切都實現之後，和解才會真正降臨。

杜圖大主教

(南非第一位黑人大主教，諾貝爾和平獎得主)

從牧養的角度談寬恕

陳佐才

對於冒犯事件的處理，通常有一個廣被接納的牧養模式，被冒犯者要經驗整個歷程：舒洩(或申訴)、面對(或正視)、轉化，然後才放得下。

在經驗這些歷程中，被冒犯者，尤其在初期階段，通常都會受憎恨和報復的情緒所籠罩，以致難有空間給冒犯者。這些情緒是很自然的，不能否定、不能抑壓，他一定要得到舒洩(或申訴)的機會，否則被冒犯者很容易催生情緒病患。但長期處於憎恨和報復的情緒下，容易給人帶來偏差，影響到面對(或正視)、轉化，以及放下的歷程。

基督教信仰中的無盡寬恕，是要確保整個歷程不被憎恨和報復所左右，在受苦的過程中，給冒犯者留空間。耶穌在十字架上對加害祂的人說：「父啊！赦免他們；因為他們所作的，他們不曉得。」(路二十三34)在寬恕的情操下，耶穌在受苦的經歷中，使自己不被憎恨和報復所籠罩，騰出空間，給釘他十字架的眾人。耶穌的寬恕並沒有宣告釘他在十字架的人沒有罪，他們仍需上帝的赦免。但祂以寬恕為基調的說話帶出了空間。這空間使聆聽與了解冒犯者成為萬能，使面對（或正視）、轉化、放下等歷程更真實、更到位。

在整個「六四」寬恕的問題討論中，有人說「六四」為社會帶來經濟良好轉變，應該忘記這件事。但只會說經濟轉化，是把歷程中該有的舒洩（或申訴）和面對（或正視）這些階段忽視了，當然不能帶來真正的解決。

又或只說寬恕了冒犯者，一切會復歸正常。但社會仍只在舒洩（或申訴）的階段，連正視（或面對）和轉化都未出現，被冒犯者如何能心平接受？

基督教信仰說的寬恕該是我們最終的目標，但其間的歷程一點都不能廢，否則當事人沒有平安，社會也沒有平安！

寫於2013年，「六四」二十四周年

追求真理，但原諒錯誤。

伏爾泰（法國作家）

破鏡重圓

我們可以對着碎片不斷埋怨自己，
也可以把碎片掃走，
消極地忘記曾經打破過鏡子。
但為什麼我們不可以
把這些碎片鑲嵌成一幅玻璃畫，
以致可以裝飾和欣賞？

面對、轉化、和好

陳佐才口述
劉潔玲筆錄

＊這個世代的人仍需要談饒恕嗎？隨着急速的生活節奏，很多香港人都變得很瀟灑，根本沒有空去記仇，又怎會需要饒恕呢？但另一個相反的現象卻又叫人感到疑惑：愈來愈多香港人要接受心理輔導，心中抑壓的東西原來是那麼多。我們並不是沒有恨、沒有傷痕，只是生命的節奏快得叫人沒時間處理，人只能傾向忘記，日復一日的累積下去……

To forgive is not forget！很多人以為將仇恨傷害忘記就一了百了。其實這世界並沒有永遠的忘記，時間會令傷口淡化；但問題一日未解決，一日仍會浮現，當它再走出來時，就再會傷害你。所以忘記只是在毫無選擇下無可奈何的處理方法，絕對不能代替饒恕。

面對和處理與對方的關係

真正的饒恕是面對，使那件事不會再次傷害自己，甚至能將傷害轉化成一種積極意義，將原來是負面的東西（仇恨、傷心）轉化成正面的東西（意義）。

正是這種轉化的作用，令我們從饒恕中得到解脱的快樂。我們不需要將饒恕視為宗教教條或道德規範，明明覺得吃虧也要抑壓真正的感受。事實上當你看到饒恕別人的最大得益者是自己時，你便會有動力去饒恕。

曾經有一個朋友，因為別人的傷害，弄得自己很不開心，吃飯「冇心機」，晚上又不能入睡，健康愈來愈差。我告訴他：「別人已傷害了你，你現在憎恨他，反而是在幫他繼續傷害自己，為什麼要這樣傻？」當人將一切精力都花在仇恨上，他正在耗盡自己的生命，就算他以報仇取得快感，卻要處處提防別人再報復。為什麼我們不能換一個角度看事物呢？

也正因為饒恕是需要面對和具有轉化作用，我們不用因為害怕饒恕遭濫用或會放縱別人欺負自己，而將自己包裝得冷酷和蓋上保護罩。饒恕是要面對和處理與對方的關係，要令對方知道他的行為會造成傷害，最終目的是要彼此和好。當然，在一個人心險詐的社會裏，這種做法要付上代價，而且需要很長時間去修補關係。但當不斷累積的傷口令你感到很難受時，你便會有動力去徹底解決問題。

因此，饒恕可分為三個層次：第一個層次是別人得罪你，你憎恨他，這樣你的內心會一生被這憎恨壓着；第二個層次是別人得罪你，你忘記這件不開心的事，這樣你有時仍會被這傷害困擾；第三個層次是別人得罪你，你將本來的憎恨轉化成積極的意義，達至真正的饒恕，這樣你才會得到真正的快樂。雖然我們不是任何時候都可以做到第三個層次，但始終應視之為最好的選擇。

舉一個比喻，當我們打破了一面鏡子，我們可以對着碎片不斷埋怨自己，也可以把碎片掃走，消極地忘記曾經打破鏡子；但為什麼我們不可以把這些碎片鑲嵌成一幅玻璃畫，以致可以裝飾和欣賞？有人説破鏡不能重圓，就算勉強拼回原狀，始終會有裂痕；同樣地，已發生了的仇恨和傷害不能當從沒有發生，但既然不能恢復原狀，就儘管把它轉化成比原來更美的東西吧！這不是更積極的處理方法嗎？

重新建立自己

當然，我承認有些傷害是極大的，例如遭強姦、親人被害等，的確很難説饒恕。而在當事人情緒極度激動時，我們亦不應該勉強他立即饒恕對方；但在一段冷靜和疏導期後，我仍主張他要面對問題。當然這需要很長時間和朋友不斷的幫助。

其中一個很好的方法，是幫助當事人重新建立自己。當他自覺什麼都失去了，他會將一切注意力放在仇恨上；但當他能慢慢重拾自信，就較能將損失的感覺降低。例如在輔導婚姻失敗者時，我會對他説：「既然對方唔再愛你，你就更應珍惜自己！不要被他睇死！」待當事人慢慢成熟後，會發現原來沒有對方也可以獨立生活；從失敗的婚姻經驗中也能看到積極的一面，就會將仇恨對方的感覺減低。

由於饒恕包含了關係的和好，所以是雙方面的。你饒恕了別人或懇求別人的饒恕，無論是多麼真誠，對方也可能不接受，而我們亦無絕對把握能改變另一個人的態度。這樣的「饒恕」只能算是未完成式。無可否認，這是一種遺憾，但中國人有一句至理名言：「盡人事聽天命」—— 我們一方面要承認生命常有缺憾，並不能靠自己控制一切，另方面卻仍須盡力而為，以求對自己有所交代，便可以安心，不再讓仇恨或懊悔蠶食心靈。同樣地，當我們經歷過這種不被接納的難受後，我們會學懂怎樣接納其他人，這也算是另一種將負面變成積極的轉化！

記得有兩個本來是好朋友的女孩，卻因為一件事彼此惱怒對方，大家都將鬱結藏在心裏，卻又以為對方不會再接納自己。在一個偶然的機會，其中一個一邊哭一邊吐露心事，另一個才激動地說：「我以為只是我苦，原來你都咁苦。」結果兩人握手擁抱，頻說以後都不會這樣傻。其實很多人內心深處也渴望處理積壓的傷痕，重修破碎的關係，問題只是你是否願意踏出這一步。

當你饒恕一個人，你就把過錯從那個人身上切除下來。

你使那個人脫離傷人的舉動，重造了他的生命。

上一刻你還當他作不共戴天的冒犯你的人，下一刻你卻改變了他的身分。

史麥迪（神學教授，《寬恕與忘卻》作者）

創傷、醫治、饒恕

霍玉蓮

有一個西諺很精警地描述了一個人要「釋放」(let go) 自己和「釋放」的意義。

一隻猴子看見鐵籠裏面放着一個甜美的果子，牠張開手掌剛好在鐵枝間穿越而過，一手抓着甜美的果子，之後牠正想把手縮回籠外，可惜，緊握的拳頭怎麼也不能穿過鐵枝。猴子的手困在籠裏，得不到自由，除非牠願意「放手」(let go)。

忘記與饒恕 (forget and forgive) 是連在一起的，真正的饒恕能達至一種境界——甘心樂意把一段悲苦恨怨的經驗、回憶統統放開。饒恕的第一個受惠人不是被饒恕者，而是饒恕者自己，因為自己能拋棄苦毒恨怨，重獲自由，重建新生。

本來，饒恕是一樁兩方面參與的事情。傷害人的要承認錯誤，受害人才可以饒恕。但有時只有一方情願，有時甚至雙方均不情願，誰也不願饒恕。親密關係中常有這種恩怨糾纏，而當中的是非亦未必那麼黑白分明，最後的審判可能只有上帝才知曉。但我希望強調，饒恕是一種心態，是一種頓悟的重整，有如我們還未承認自己是罪人的時候，上帝已經饒恕了我們。若然傷害我們的對方不肯向我們認錯，我們仍然可以邁向饒恕之旅；否則，我們比無辜的受害者更無辜，因為我們不僅以為前半生枉活了，而且下半生的生命也浪費了。以下是受傷者邁向饒恕歷程的幾個階段：

哀悼的過程——情感的養傷

人面對永恆的破損，包括傷逝或永久肢體殘缺，都會呈現一連串自然的心理反應：否認事實，憤怒控訴，討價還價，接納現實。關係的破裂，也是一種永恆的傷逝，當事人少不免也要經過這些心理階段；有時候要三年五載，才有勇氣接納現實，完全復原。所以，要聆聽及尊重自己的心理節奏，容許自己經過哀傷的歷練，慢慢復原。

認識自己的創傷——情感的認領

人要醫治自己的創傷，首先要探討自己到底有什麼損傷。相類似的感情創傷，對不同的人有不同的含義。人要坦誠問自己：面對痛苦，我到底損失了什麼？一份信任？青春的投資？破滅了愛的夢想？失去了安全感？挫傷了自尊心？接受輔導有助這探索的歷程，能夠清楚認識自己的痛苦是療傷的第一步。

通過了認知過程，我們要進一步「認領」我們的感情，家庭治療大師薩提亞(Satir)稱之為「擁有你的感情」(own your feelings)。意思是說，那不願意發生的經已發生，已成了不變的事實。自我曾經憤怒、傷痛、被出賣、疑惑、仇恨，這是屬於自我的真實感情，我需要承認它、接受它、認領它。

下一步，就是向這些創傷的情感道別。可以用對話、意象、儀式協助自己與這些負面的情感一刀兩斷。例如：可以溫柔地對自己曾經有過的憤怒或絕望說：「謝謝你，用憤怒/憂愁幫助我應付了人生的一段困境，但現在我已經度過了困境，不再需要你的陪伴，再見！」又或者你可以欣賞自己曾經艱苦掙扎，給自己寫一封致謝信，然後將它燒毀。

公義地算帳——認知的重建

念神學的時候，教授曾經說：愛和公義是同一件事情的兩面，任何一面不可或缺。有愛而沒有公義純粹是多愁善感；有公義而沒有愛屬乎邪惡。(Love without justice is mere sentimentality, justice without love is demonic.) 饒恕必然有着愛和公義。

人間的愛和恨，其實都是與對方難捨難分的情緒。大文學家、前捷克總統哈維爾 (Vaclav Havel) 曾經說過：「憎恨與愛其實有許多相同的地方，兩者同是超越自我，把焦點貫注在他人身上，自己的喜怒哀樂都受制於他人的影響。事實上，把自我身分的一部分賦予了對方……仇恨者朝思暮想自己仇恨的人。」

一個心懷怨恨的人有幾個方法，可以協助自己從愛恨糾纏中與對方漸次分離。

首先，可以用不傷人的方法表達心中積存的責備，可以利用一張相片、一張空凳、一件物件、一個模造的角色發泄出來。若然是口連心、心連口的說出積存心底的話，會發現責備的盡頭，許多時是顫抖和悲慟，憤恨的底下其實是愛的呼求，和一個仍在淌血的傷口。

表達憤恨以後，指責者也可以轉換位置，聆聽受指責者心底的回應；站在對方的立場，人開始明白對方的掙扎和軟弱，較能客觀體認雙方應當負上的責任，這是一種公義的算帳。

公義的算帳第二步是懲罰。中國古諺說：「種瓜得瓜，種豆得豆」。在基督教的宣講裏，連上帝也要懲罰自己的兒子以抵償人虧負了上帝的一筆帳。懲罰與報復不同，報復是企圖令對方痛苦，惡意使對方受損；懲罰是調校一個利益失重的天秤，公平負責任的計算了自己如何受損，取回自己所應得的。

舉例說，一個兒童上課搗亂秩序，就剝奪他一節上課的權利，或要求他收拾秩序混亂的課室，而不是把他關在黑房。

公義的算帳核心要素是人生信念的重整。一個人在親密關係中受創，猶如飛機墜毀——飛機零件可能在意外發生後修補、改良；機師亦已休養復原，但機師卻仍然無法升空，因為他對飛行失去信心。

在親密關係中受創的人常常禁不住發出一連串的疑問：為何人要相愛？人到底能否相愛？一個忠誠的人是否一定獲得忠誠的回報？為何我最信任的枕邊人在我背上插刀？人還值得信任嗎？人的感情受傷了，人脆弱的信念也就此毀碎。人可以從挫敗中成長，將危機化為轉機，重整自己的人生觀和生命信念，也可以在沮喪、懷恨中委靡不振。

饒恕，是人間顛沛眾生在苦罪流離中的抉擇，是人主導生命、重獲自由的開端。人跌倒了，爬起來，前面擺着兩條路，一是活在過去的抱怨憂愁中，一是溫柔地寬恕。生命不會再來一次的，過去經已成為過去，前面是未走之路；要活得更好，還是活得更糟，全繫於一個人有尊嚴的決定。

當我走出囚室、邁過通往自由的監獄大門時，

我已經清楚，自己若不能把悲痛與怨恨留在身後，

那麼我其實仍然身陷牢獄。

曼德拉（前南非總統）

未能忘記

有些人滯留不前，
雖然找到朋友申訴了，
但仍停留在自己的委屈、
對方諸般的過錯上；
好像一張唱片某節卡住了，
不斷重複某一段，
跳不出來。

饒恕 果真如此輕易

李淑潔

你問我饒恕容易嗎？你的問題使我聯想起海明威小說，裏面有這麼一句話：「死，容易嗎？」

人際碰撞

每天我們都經歷人際的碰撞，大小不一。帶着好的心情上班，可遇着黑色雷暴的臉孔，教你真想踩對方一腳；友人有需要時找你幫忙，到你有急需的時候，「朋友」蹤影全無；有時一個負面的經驗，令你耿耿於懷；若是至親至愛的人，一句難聽的話，已教你心裏難過，甚至一個眼神，足以令你黯然神傷……

我們竟是如斯脆弱的人，一天下來，已有不少損傷。

輕微的擦碰、偶爾的小過錯，統統歸為「流水帳」吧。跟日子一起流過，一去不返。雞毛蒜皮，若事事計較，必自尋煩惱。在這等事上學習「善忘」，屬於基本求生之道。

我想跟你談的，倒是那些使人幾近於死地的人際重傷。

時間能淡忘記憶？

時間是最好的醫治，這種神話只適用於不治自愈的皮外擦損。嚴重的創傷，時間不單不能治療，還會隨時日演變，甚至惡化。

有些人頂撞我們，我可以走避，以不見為快；可是在現實生活裏，最具殺傷威力的、最容易積怨恨的，往往是至親的關係。一些既愛又恨的人，避無可避，甚至不可能逃避。縱然走到天涯海角，傷害就是傷害，痛的記憶已刻進心頭，而這些關係仍然發揮影響力，如影依附，完全非自由。

更多時候，我們還是繼續跟這些人相處，一起生活。

饒恕，不再是摸不着邊際的清談，而是必須。

必須面對，必須饒恕，否則是長久的痛楚，一生背負着陰影。

我相信是有這麼一條心理定律：有入必有出。有傷，即有怨有恨，若不化解，必引致反應作用——不是報復還擊，就是宣泄在其他人身上，導致連環式的禍害。

療傷的必須

怎麼能饒恕呢？尤其在這個是非顛倒的時代，價值觀陷入混亂，還有人説饒恕是懦弱退縮的表現呢。

真的，當傷口仍是血淋淋的時候，很難説得上饒恕；首先必須療傷，同時防止情況惡化或減少繼續受傷的機會。

至少找個可信賴的朋友，讓他知道事情始末，幫助你尋求解決之道，度過艱痛的時刻。

有入口必須有出口，閉口不言可令自己內傷。有時要找些有建設性的渠道，抒發內心的情緒，才能處理問題，尋求饒恕。

宣泄的方法有許多種，有人出外散心，有人聽音樂或高歌；有種方法我覺得頗為有效，就是揮筆直寫或用顏色塗畫表達。不但可以直接宣泄強烈的感受，還可成為紀錄，日後有迹可尋，幫助自己重新檢視事件，組織思維，踏上饒恕之路。

醫治傷痕的過程可能很漫長，不過，至終要從怨恨的桎梏中釋放出來。有些人停滯不前，雖然找到朋友申訴，但仍停留在自己的委屈、對方諸般的過錯上；好像一張唱片某節卡住了，不斷重複某一段，跳不出來。

若然在申訴的過程中，朋友從旁協助，嘗試從不同角度檢視整件事情，可能會有新的發現、新的進展。傷害你的人可能並不如想像中那般情況，對方的背後也許有原委，也許有他的故事。重述的過程，常會砌出另一幅圖畫。

不過，最後的關鍵，仍在於饒恕。

饒恕是什麼？

首先需要澄清饒恕不是什麼。

饒恕≠妥協認同，贊成對方錯謬的行為。

饒恕≠壓抑自己，委曲求全。

饒恕≠感情用事。過錯須面對，尋找來龍去脈，以免重蹈舊轍。

饒恕，不一定要求對方跟你算帳，有時對方根本不知道，或者他未能面對，因此，饒恕是一種釋放。從心裏釋放對方，也就釋放自己。

饒恕是知道錯失處，不記怨，不記恨，不再聲聲追討。

個人恩怨、人際間的摩擦，往往難以計算清楚，也難說清誰欠誰，總不是一條數學方程式。饒恕就是放下計算，卸下報復的心理。

饒恕的關鍵

我聽過一些人説：不是不想饒恕，只是做不到。

饒恕的關鍵更在於自己。

被愛和自愛的人，才懂得愛別人；同樣，也只有曾被饒恕和饒恕自己的人，才懂得饒恕別人。

耶穌告訴門徒要饒恕七十個七次，意即完完全全的饒恕。隨即祂説了一個故事作比喻。故事所表達的就是天父完全的愛與饒恕。(《聖經·馬太福音》十八章二十三至三十五節)

一個欠債纍纍的人怎也無法償還，而主人竟然完全赦免；真的，人根本不能自救，再好也不能與至高者的聖潔相比，然而祂竟肯赦免，完全接納，以無罪的耶穌作代替。

回過頭來，接受了饒恕的人能不饒恕別人嗎？

在造物主前，人人有虧欠；也有一天，每個人要向祂交代一生的對與錯。

死，容易嗎？

我們常追求「無痛」，以為人生最好免痛。有時，饒恕的過程是一種磨練，使人更謙卑，接受如火的淨煉。

饒恕，單憑自己是不能的，力量在於肯謙和接受饒恕這種功課，每天把自己帶到「青天大人」面前，接受上主的洗濯，接受祂的愛與赦宥。

每一天，自我死一點，也就多一分釋然，多一分勇氣與忍耐，面對每一天的碰撞。

如果真的想去愛，我們必須學會如何去寬恕。

德蘭修女(諾貝爾和平獎得主)

我們都是人

陳淑娟

曾聽過一個令人毛骨悚然的故事：一位即將由中年邁入老年的婦人，在經過將近三十年的婚姻生活後，竟對與她協談的婚姻輔導員這麼説：「就在我們睡的那張牀下，全是我寫下來的他的罪狀，他什麼時候做過對不起我的事——他説的每一句話，每一個表情動作，我全記下來。一張張紙條就是證據，塞滿整個牀底。」想想看，這婦人的丈夫，就長期睡在這麼一張怨懟的牀鋪上，真是恐怖！

表面的相安無事，並不等於真正的饒恕。許多夫妻，許多人際關係，其實都處於這麼一種表面和平，但沒有真正饒恕的狀況之下。日久年深，我們的身邊就有不知多少個令人毛骨悚然的故事。你恨我，我恨你，説不出來的恨，説不出來的怨，都源於沒有真正地饒恕。

誰不得罪人？

凡是人，就每一天都在得罪人，也都遭人得罪。人是那麼有限，我們沒有辦法把每一次人際的相遇都處理得妥妥當當。過去的受傷經驗，還會不斷干擾我們面對新的人際關係。例如，常遭拒絕的人，就學會與人接觸時擺出拒絕的姿態，以此作為一種防衛。

也許你會瀟灑地說：「我從來不記仇！」但請注意，不記得，並不等於真正饒恕。人的記憶結構十分奇妙，我們腦裏面的皺摺，攤平後的面積比那婦人的牀底更大，可以藏得下遠超過想像的容量。在有需要的時候，所有曾經發生的人際間的一點一滴，全會自動地回到意識裏。因此，除非真正經過一種特殊的處理手法，抹去記憶中人際間不滿意的痕迹；否則，所有人得罪我、我得罪人的經驗，就會成為人際相處時不斷的控訴，令我們感到：「做人真難！」

而這一道特殊的處理方法，就是要「真正的饒恕」！

時間有療效？

除了不斷維持表面的和平，也有人誤以為時間是最好的治療師，因此把錯失的人際關係隨手儲藏在時間的冰箱裏，希望受傷的關係會隨着時間而了無痕迹。

其實，時間固然能令人淡忘事情，但被時間抵消的，並不是那道人際關係的傷痕，而是彼此間的美好關係。處理人際關係的傷口，也像做外科手術一樣，若沒有即時把握治療機會，往往會留下一生的憾恨。時間的療效只是一個假象，遺忘，並不算是真正的饒恕；遺忘所造成的，只是一個隨時要提防被人揭起的傷疤，你我都有許多這樣的傷疤。

不計算

表面的相安無事，隨時間而遺忘，這些都只是假饒恕。另外還有一種假饒恕，就是條件式的饒恕。用條件來抵消過失，其實是笨方法，因為，沒有任何一種條件，能完善得足以彌補人際關係的傷口，那些在口裏或心裏提出條件的人——例如：「只要他肯先向我低頭，我就會原諒他啦！」——也不得不承認，就算符合條件，但心裏仍舊不滿足。不滿足的原因，是看不見真正值得饒恕的理由：

「我們饒恕人，是因為我們永遠也有可能犯同樣的錯誤，我們根本沒有資格不原諒別人。」條件式的饒恕不是真正的饒恕，真正的饒恕不計算條件；《聖經》說：「不計算人的惡。」(林前十三5)試問，有哪一種公式，可以把人際間的恩恩怨怨算得清楚呢？

新關係

真正的饒恕是在人際間重新建立一種新關係，這關係不再建基於你欠我幾分、我欠你幾毫，而是建基於「我們都是人」。把對方當成和我一樣的人，而不是不可理喻、難以理解的雞、豬，或狗，那麼，我們就容易從別人的立場，設身處地為對方考慮。這就是心理學中所謂的「同理心」(empathy)。

不饒恕，是因為我們經常不自覺地不把人當成人看待。試試看，跟別人建立一種新關係：「我是人，你也是人，所以我們能對話，我能嘗試了解你為何這麼做(雖然我也許並不贊成)，我也接納你這麼做。」建立這種新關係並不容易，因為人通常很小器，並不大方，總認為自己高人一等，不肯輕易放棄高高在上的地位。然而，一旦真的建立了這種新關係，我們就會發現生活比以前愉快寬廣得多啦！

生活過，而不會寬容別人的人，是不配受到別人的寬容的。

但是誰能說是不需要寬容的呢？

屠格涅夫（俄國作家）

饒恕自己

我們其實並不是對不起自己，
乃是對不起那位創造我們
並對我們寄以厚望的上帝；
而當我們需要饒恕的時候，
只能「求那厚賜予眾人、
也不斥責人的上帝」的饒恕。

性侵犯：憤怒？饒恕？

蔡元雲

我今年十八歲，小時候曾遭哥哥性侵犯。哥哥在幾年前犯事坐監，在這數年當中，我不用面對他，因此能將過去的事淡忘，以為自己已經可以擺脫童年陰影。然而，當哥哥回家的日子逐漸迫近，童年的情景不斷湧現心頭，心裏充滿了恐懼和罪咎感。

恐懼是因為我沒有勇氣面對哥哥；正確來説，是我不敢面對過去的自己，我覺得自己很污穢，我害怕經過數年努力而重拾的尊嚴與自信會一下子被沖散。罪咎是因為我發覺自己一直沒有饒恕哥哥；祈禱時我更感到內疚，因為上帝無條件地寬恕我種種的罪，而我卻不能接納自己的哥哥。如你所説：「最大的苦惱是不能夠饒恕自己。」我曾為這事獨自痛哭了幾次，我知道自己內心的「不自由」狀態，但我解決不了。家人不知道這事，我只跟一位和我有類似經驗的知心好友分享過。

事實上我最害怕天父不會原諒我，耶穌教我們寬恕別人七十個七次，愛我們的仇敵，但我卻做不到。我怕我和天父的關係因此疏遠了。

罪人

這是一封叫我既難過又憤怒的來信。我為這位署名「罪人」的女孩子的遭遇感到難過，又為那哥哥竟然在自己妹妹身上作出殺傷性的行為深切憤怒。

我欣賞這位來信的女讀者的勇氣，她不單正視自己內裏未解的鬱結，並且當她願意敞開內心的掙扎時，也叫其他將自己囚禁在黑暗密室裏的受害人減低那種孤獨感，因為有人代他們宣泄內心的冤屈；更可能因此跨進一步，向自己信任的人吐露積壓心中的傷痛和悲憤。

「我覺得自己很污穢！」

叫我最覺得扎心的是，差不多每一位受害者，都有一種不能向外人道的罪咎感及污穢感——這封來信的女孩子選擇以「罪人」為筆名，更叫我難堪。為何「被罪者」(sinned against) 還要背負那些殺傷者的罪孽？污穢與否，並非一個生理上的問題。不少人在技術上、生理上是處男、處女 (technical, biological virgin)，卻是已經被淫念蠶食了。昔日主耶穌也曾重新闡釋何謂姦淫、殺人：祂認為真正的罪惡是生自內心的淫念與惡念。因此，一個人遭他人性侵犯，即使失去肉身的童貞，卻並不因此成為污穢，一切罪孽仍歸那侵害者的身上。但願普天下的「被罪者」得到平反，洗淨一切不必要的罪咎感和污穢感。

「不能寬恕七十個七次」

不錯，耶穌宣講的是愛的信息，是寬恕的道理。然而，這也是最受曲解的真理。

英國牧師斯托德 (John Stott) 曾大聲疾呼：「饒恕並不低廉。」上帝要自己的獨生子背負罪的代價，才完成赦罪的救恩。

我們相信上帝是仁慈的，願意寬恕罪人；同時上帝也是公義的，絕不會與罪惡妥協。

曾經橫掃港台兩地的電視劇集《包青天》，在中國沿海各地亦有不少觀眾。我曾經進行非正式的觀眾意見調查，叫觀眾最暢快的是包青天凜然下令：「鍘！」的那一刻。《聖經》說：「罪的工價乃是死」（羅六23）、「死後且有審判」（來九27）！在這個充滿不公、不義的社會中，倘若背後沒有一個公義行事的神，實在太荒謬了。

身為父親及哥哥的，有保護女兒和妹妹的責任。倘若他們恃勢凌人，傷害自己的至親，為這樣的惡行而憤怒是合理的，我們亦有權有責去譴責這些幹出傷天害理惡行的人。

我在這裏並非鼓吹以牙還牙、以暴易暴的道理，而是害怕「寬恕七十個七次」的道理，扼殺了合理憤怒的自由。

只有上帝有赦罪的權柄。當我們經歷祂的赦免時，心中亦會孕育赦免之情。當我們發現未能面對傷害自己的人，顯然是傷口尚未痊愈，惟恐再度受傷。此時此刻，仍然毋須自責，反要進一步尋求醫治，並且學習為傷害我們的人禱告：但願他們有醒悟過來的一日，親自到耶穌跟前尋求赦免。

走出過去倍感冤屈的陰影，創造新的公平觀。

對愛而言，寬恕是最難和最冒險的。

史麥迪（《寬恕與忘卻》作者）

踏上康復的路

蔡元雲

六年級那年，我受到爸爸第一次性侵犯，之後一次大概在中四，最後一次則在去年暑假。接二連三的侵犯，由我不懂得界定那是什麼一回事，到深深感受那份傷害，實叫我十分悲憤、痛恨。

我不能說這份痛恨是理直氣壯，因為在我的成長裏，在供書教學中，他對我是有情有義的；可是對於他向我所作的，我始終放不下。然而，我犯眾罪，主亦無條件赦免我，我又為何不寬恕他？

本來，這壓着我多年的重擔，我沒想過會告訴別人，但在一個淚灑臉龐的下午，我終於把抑壓多年的鬱結告訴一位基督徒朋友B君。她幫助我很多。

後來，不知哪裏來的勇氣，我竟把這事告知姊姊和媽媽；當晚，我更與爸爸對質，他竟矢口否認，一切叫我啼笑皆非。多年來，這些經歷是真的，我獨力承擔，面對老師我只懂哭，面對家人我沉默，為的是怕弟弟不知如何面對這位父親，而媽媽、姊姊又會有什麼反應呢？

如今他對我說沒做過，我始終半信半疑。

算了算了，無論如何，這些事情根本難以解決。現在，隨着時間過去，我對爸的憎恨消散了，但要建立正常關係並非容易。不過我會努力。

W

我曾以筆名「罪人」寫信給你，還記得我嗎？

我哥哥已回家了。在他回來的第一天，我根本沒勇氣回家，因為有些事我已不敢回想。

剛聽完《容易受傷的現代人》講座錄音，談到獨處的課題時，我感到深深的共鳴。我在獨處時，思想就會接觸到自己的幽暗面，甚至覺得莫名的恐懼。記得剛考完試的一段日子，無所事事，那股恐懼感又來襲，以致不能成眠；所以現在惟有以暑期工、書本充塞

時間，免得胡思亂想。我知這樣很不健康，令我身心都感到很疲倦，然而我卻找不到其他更好的方法。

講座中也提到「寬恕自己」以釋放自己，我相信我最難寬恕的人是自己。童年的事對我來說是極大的恥辱，是我極刻意逃避的一段過去。可以的話，我真想切除一點腦細胞，完全忘記此事。

M

我每字細嚼這兩位女孩子（我分別稱她們為W君和M君）的來信，我為她們的創傷痛心，為她們的勇氣鼓掌，為她們的康復雀躍。

獨處

M君在信中分享她對「獨處」的共鳴及其中的掙扎。獨處是為自己開創個人的空間，在安靜中反思、自省、默想、禱告。要小心辨別「獨處」與「孤獨」的分別：獨處是單獨與神相會，在祂的同在中面對自己的內心世界，甚至闖進平時封閉的幽暗角落。默想《聖經》及向神禱告，成為獨處的重要支柱，否則反思及自省容易陷入胡思亂想、自卑自憐的困局。

饒恕

M君說得不錯，最難寬恕的人是自己。我們往往會覺得既是咎由自取便罪有應得，在不自覺中懲罰自己、捆縛自己；這點正好說明「孤獨」的危機——當我們單獨與自己的罪咎搏鬥，最終還是自己背負着重擔，並未得到真正的釋放。寬恕自己的基礎在於有一位饒恕並接納我們的基督，在祂的十字架前，我們可以卸下肩上的重擔；如此我們能夠寬恕自己，因為祂先赦免了我們。

朋友

M君第一封來信曾表示她有一位有類似經驗的知心好友。當然，要將蘊藏心底的創傷向人揭露，確是十分冒險：別人不了解、不接納、反遭教訓一頓……只會令人再度受傷，特別是遭親屬性侵犯這類重創，不宜隨便向人吐露。不過，我仍然相信人間有真情、亦有真正的朋友。永不冒險，便永遠沒有朋友——冒險可以逐步開放自己，交友是由淺進深。

對質

W君分享她向姊姊和母親吐露真相，及與父親對質的情況，這份勇氣叫人肅然起敬；而最重要的，不是結局如何，因為家人的反應很難預測，而是自己內心如釋重負的自由，從此不用單獨背負這個家庭的祕密。

倘若說向朋友交心要冒險，向傷害自己的家人對質所冒的風險更大；本身要儲備足夠的內心力量，並且在對質過程中，不是但求發泄與報復，乃是保持用愛心說誠實話的心態，尋求復和。對質確是一個險着，要慎思本身力量及明辨家庭實況後，才適宜進行。

不能饒恕別人，猶如拆毀了自己也一定得橫渡的橋。

賀伯特（英國詩人）

一代傳一代的連鎖創傷

蔡元雲

我今年二十三歲，是個自我形象十分低落和很自卑的人。三年前信耶穌後，十分努力學習做神所喜悦的事，但我發現一個奇怪的現象：每當我成功地做了一件神所喜悦的事（例如教同學做功課，學習去愛人和幫助、安慰人等），內心反而覺得很內疚。後來才知道，原來在我童年的時候，父母也很自卑，自我形象也是很低落的。每次我有好表現時，他們因為怕我的好會對比出他們的愚拙，所以在我未成功前，就極力discourage我。偶爾我沒有理會他們，照樣做好，但看見他們自卑和自覺無價值的難過樣子，我就十分難過和內疚。

第二個困惑是，我常常覺得自己是個不值得被愛的人，認為別人不愛我是理所當然的，即使間中有人向我表達愛，我亦不懂接受，更不敢投入，因為我很怕這些愛很快又離開我。

我有一個毛病，就是無論我與任何朋友建立友誼（同性或異性），若看見他跟其他人開始建立友誼（或原本已是好朋友），我就很自然地會疏遠他。我常常覺得要是好友有了別的朋友，就不會需要我，也不會再與我建立友誼。為免將來受傷，所以我得先疏遠他。因為這個毛病，我很少親密朋友。

我這毛病，相信是源於童年時，母親有了弟弟就不愛我的緣故。

父母給我的物質生活很豐富，錢也是想要多少就有多少（可能是因為我並不貪心）！其實母親並不喜歡我，她常常藉着在我面前呵錫弟弟，來表示對我的恨。

最近，母親無意中透露，原來她懷着我時，並不想有BB；難怪她經常埋怨要照顧我，使她不能出外工作賺錢。從小到大我都覺得自己非常沒用，因為母親常埋怨我的出現使她犧牲很大，說我沒用，不會照顧自己。我很自卑。

這個童年使我懷疑自己在神眼裏的價值。看見別人有健康的身心，我每每猜想他們必定有健康的童年；一想到他們有健康的童年，我就覺得神非常偏心。

我的自卑和懷疑自己在神眼裏的價值，成為我去愛神的嚴重障礙。其實神有沒有偏心？祂是否悅納我這樣差的人？

鴻

我反復細閱這封信好幾遍，每次都增加了內心那份凝重的心情，到底有多少個家庭不自覺地將自己的創傷一代接一代的傳下去？

一位累積多年經驗的精神科專家韋約翰醫生（Dr. John White）有這樣的觀察：一個人個性上的軟弱有迹可尋，「這些軟弱不單是與昔日的創傷有關（成長中受到他人傷害），更與他們的父母的過失和罪孽有直接關係。」[註1]

我真想與這位女讀者的父母坐下來詳談，相信他們一定會揭露自身在成長中如何傷痕纍纍，他們對自己的不能接納，形成了他們對親生女兒的諸般挑剔及再三否定。我並沒有懷疑他們依然愛護女兒，否則不會在物質上給予豐富的供應，只是女兒今天有這種抑鬱與自卑心態，與他們的養育方法有不能分割的關係。

惡性循環可有終結？

從遭拒絕到自我拒絕，再進而拒絕他人；自卑的父母造成自己的自卑，再孕育下一代的自卑。這種拒絕和自卑的惡性循環可有終結？

我相信每一個人的創傷都可以得到醫治，每一個人的罪孽都可蒙赦免。一位資深的輔導者指出，一個心理治療過程中有三個重要的障礙：不能饒恕他人、不能饒恕自己，及不能接納自己。[註2]

這三重障礙是互相牽連的。要饒恕一個在懷孕期中已經拒絕自己的母親，談何容易？進一步又怎能饒恕自己？一個連母親也不肯饒恕的人，最自然的結果是不能接納自己，結果，成了一個不能饒恕母親及未能寬恕自己的人！

當我和父親有過節時，也曾陷於這惡性循環而不能自拔，最後我不再在父子關係中糾纏下去。我自知不能改變父親的看法，也沒有力量與他對質及澄清誤會；我先從這對峙局面中退下來，在安靜中，首先尋求自己得醫治、得赦免。我開始體驗到從神而來的赦免，是徹底的，沒有附加條件——只要我肯向祂敞開心靈，揭示自己的傷口，並且承認自己的罪過。

經歷赦免並非一項理性的習作，乃是大膽地面對自己感情上的缺口，及謙卑地承認自己的無助，尋求上帝的介入。對於一個講究自足及自助的人，這實在是個難闖的關。

最叫我意想不到的是，經過多年掙扎之後，父親竟然在去年亦經歷這份從上頭而來的赦免和醫治；今天，當我們父子倆一同牽着手低頭禱告時，內裏總是湧出一股暖流——昔日的怨憤、傷心、過犯，好像在無聲中一筆勾銷。

然而，不是每段父子的恩怨，或母女的情意結，都有大團圓結局的。我和父親的衝突、矛盾、互不接納，前後有三十年的時光；然後，先是我經歷醫治，再是父親的回轉，才到達真正復和的階段。

這世上沒有未經創傷的父母，他們也不自覺地造成兒女或大或小的創傷。因此，這世上沒有一個完美無瑕的人，同時亦沒有一個不值得被愛的人——只要我們學會接納人的不完美、父母的過失，及自己的創傷。

真正的愛，是不再計算是否值得！

註釋

1 White, John. (1993). *Eros Redeemed*. Downers Grove Ill: InterVarsity Press.

2 Payne, Leanne. (1988). *Crisis in Masculinity*. Wheaton, Illinois: Good News Publishers.

只有饒恕才能停止責怪與痛苦的循環，破解無恩的鏈鎖。

楊腓力（美國作家）

饒恕自己？

施德藩

饒恕，然後忘記。倘若真能饒恕，忘記倒不是問題。

根據一般的觀察，那些令人討厭的人之所以叫人討厭，大多是由於一些性格上的弱點、盲點，不懂做人之道卻又缺乏自知之明。對於這等人，其實談不上饒恕不饒恕，反正他們根本不覺得自己得罪了誰，有什麼關係需要修補，更遑論自己需要被饒恕；除非基於某些原因而需要與這些人同謀共事、日夕相對，否則，避之則吉也就是了。

至於那些明知故犯、處心積慮陷害忠良、賣友求榮或玩弄感情的傢伙，倘若他們真心回頭，難道我們不同意他們改過自新？但倘若對方死不悔改，我們饒恕或不饒恕又有何分別？我們如何能說「父啊！赦免他們；因為他們所做的，他們不曉得」？我只能說，這對他們可能沒有分別，對我們自己卻是大有分別，至少我們可以嘗試放下傷害所造成的心靈纏累，不致讓它繼續破壞面前的生活。事實上在很多招致受傷的關係中，對方的「詭計」可以得逞，通常多少是得到我們的默許（至少我們沒有作出反對），甚至牽涉一些自己也不察覺的隱藏動機。捫心自問，最難饒恕的人，恐怕還是我們自己。

我們難於饒恕自己，是因為我們心知自己所作的；我們所得的後果，也實在是我們應得的。我們可以後悔自己的無知，卻難以誠實地堅持自己的無辜。對於自己，我們是絕對地責無旁貸的。再者，有誰比我們更清楚自己的詭詐、偽善？我們可以在人面前文過飾非，大義凜然，但我們總瞞不了自己敏銳的良心。只要具備一般程度的自覺性，我們便不難明白要饒恕自己是如何困難。

而事實上，我們也不可能饒恕自己。我的意思是，一切的饒恕都總得有個對象，但我又如何以自己為饒恕的對象呢？正如一個訓練有素的人，可以輕易地抬起比自己更重的重量，卻找不到一個立足點去抬起他自己，那是一個不能跨越的物理規律；照樣，如果我有足夠的寬宏和愛心，我可以饒恕任何人，但我卻怎樣饒恕自己？

這不是跟損壞自己的東西而賠償給自己一樣荒謬嗎？我的反正就是我的，損壞了也就是「賠」了，賠和不賠又有什麼分別呢？這樣，「饒恕自己」至少在常理上是說不通的。

這該怎麼樣呢？我們所虧負、所得罪的是自己，如果「饒恕自己」只是言語上的自慰而沒有實際的效用，我們卻還有真實的罪咎需要解決！而倘若我們不處理這些罪咎，現代心理學告訴我們，這些罪咎將為我們帶來一些真實、具體的破壞和傷害。

或許這也是宗教介入的地方。基督教的信仰告訴我們，當我們覺得對不起自己的時候，其實我們並不是對不起自己，乃是對不起那位創造我們並對我們寄以厚望的上帝；而當我們需要饒恕的時候，如上所說，我們並不在一個位置「饒恕自己」，而是只能「求那厚賜予眾人、也不斥責人的上帝」(雅一5)的饒恕。又如我們熟悉的浪子比喻中的主角，他所糟蹋的是自己的生命，回頭後他不是嘗試「饒恕自己」，卻是對父親說：「我得罪了天，又得罪了你；從

今以後，我不配稱為你的兒子⋯⋯」(故事原載《聖經・路加福音》十五章十一至三十二節)

我們不能輕易饒恕自己，因為我們根本不可能饒恕自己；倘若我們真心求饒恕，就讓我們活出誠意來。

認識到自我的首要身分是「被寬恕者」，

乃是人走向真正的謙卑的開端。

余杰（中國作家）

恨意全消

時至今日，

不再有恨，

沒有咒詛、只有祝福。

心境是無比的暢快、

釋然、舒坦、平安、快樂。

原來，

饒恕人是那麼好的一回事。

然而，不易呀！

漫長路程：饒恕父母的離異

悟生

父母離異曾經是我人生不能磨滅的遺憾。縱使這是我人生的一個實相，不過經歷了幾十年的醫治、理解、饒恕，它已不再綑綁我的心靈。

我與父母的關係迂迴複雜，致使我大半生受着很多莫名其妙的情緒動盪和暗湧影響。少年時，父親因工作很少在家，我與母親關係較親密，加上我是家中長女，很自然成為母親傾訴心事的對象，聽她訴說與父親的惡劣關係。看着母親為家庭任勞任怨，我就一面倒認同母親，對父親印象欠佳；但偶爾看到父親溫和的一面，心中又頓生問號，感到很疑惑，究竟父親是好人壞人？究竟是誰的錯？只是一想到母親受的苦，就對自己這種疑惑產生歉疚，不敢再想，漸漸情感上對父親疏離，甚至代母親遷怒於他。另一方面，當母親申訴父親的不是時，會對母親表現厭煩，但又感到內疚，心裏很煩惱；對他們的關係感到無奈、無助，既應付不來，但又阻止不了這個局面。我的方法是情感抽離，思想逃避，將焦點放在友羣關係上，對父母的不和感到麻木厭煩。

後來父親搬離家，家中再沒有人提起父親，那段日子我感到輕鬆一點。我們如常生活，不過母親偶然仍會抱怨父親的不是，我也發現自己對父親的怒氣不禁增加了。長大後才明白原來我情感上覺得被父親遺棄，不經不覺產生惱怒，原來這是一份被親人丟棄的內傷。

在我剛踏入成年期，父母正式離婚，但他們之間的關係，卻從我十多歲的青少年時期已開始影響着我。看着父母情感疏離，那時的我內心常感到鬱悶，很怕一個人靜下來時那份不安。父母當時常處於冷戰、熱戰之間。我常窺視他們的狀況，預測何時暴風雨來臨。這份無形的負擔極度消耗我的精神體力，漸漸侵蝕我生命的動力，為了避免感受那份無助和沮喪，我開始不去在意父母關係的破裂。不自覺間，我變得慣性情感麻木，我也在不知不覺間失去對人生的盼望、對人的信任；對父母的不理解及有關他們關係的可怕真相，我選擇思想癱瘓，結果自己逐漸喪失思考和分辨的能力。

雖然是父母的關係破裂，但不論他們離婚前後，也給我帶來很深的負面影響和傷害。除了情感上的傷害，還有信念和親密關係方面。

目睹本來與自己親密的父母，由和諧到分裂到離異，隱約看見人的不可靠、不可信，這破壞了我對關係的安全感。在我看來，親密關係是危險的，令人受傷的；結果影響了我對人的信任和親密——不敢相信人，害怕進入親密關係，怕失望，怕被丟棄！更難治愈的，不單是情感上的受傷，更是與周遭的關係，對人信念上的受傷。我變得非常害怕衝突，在人際關係畏縮，麻木地做人，害怕認識真相。

我逐漸明白為什麼自己的生命經常沒有動力，對未來沒有希冀、沒有夢想，只顧完成應盡的責任和眼前的事，不知人生為何？父母的離異也使我感到人生無常，失去盼望。

畢業後，我當上輔導員，在處理別人的婚姻問題時，開始理解夫婦關係的互動和問題的產生是多面向的。輔導室裏的學習使我成熟了，認清母親的性格弱點如何影響夫妻關係，於是開始諒解父親；然而感情上又經歷一次傾側，一方面開始暗暗埋怨母親，一方面內心又對母親愧疚。畢竟她獨自支撐整個家，已經十分辛苦，若我埋怨她，豈不在情感上出賣了她？我內心經常潛藏着對父親的愛恨交纏，卻不敢正視、認領，不敢去辨別誰是誰非，誰好誰壞，什麼是真相。三十多年的人生就是在這些痛苦的情感張力、矛盾和跌盪中渡過，時而麻木，時而憤怒，時而思想空白，時而思想混亂，時而有一份莫名的無力感！麻木的我，根本不知要饒恕什麼？誰要被饒恕？惟有將這些矛盾的感情轉移，指責自己的不足，導致過分貶抑自己。

我能饒恕父母的離異，始於三十歲信主時。那時覺悟到自己的不足，犯錯得罪人、得罪神，卻蒙天父無條件的饒恕；天父也提醒我要饒恕父親，與他復和。我知道饒恕復和是天父喜悅的事，就向祂求賜勇氣朝這方向出發。當時我已七年多沒有與他見面，還記得與父親再見面那天，他從遠處看見我，就立時站起來引頸以待，溫和微笑地望着我，兒時慈祥和藹的父親，又出現在我眼前，我與父親復和了！我內心多麼歡喜，但又像電影的橋段，很不踏實；畢竟，大家分隔多年，關係疏離，加上自己對人的信任和信念殘缺，尚未被醫治，仍是對世界抽離，生命缺乏動力。

人間充滿不完整，天父對我醫治和饒恕的計劃卻是美妙而完整的，祂一步一步地引領，讓我看見自己的傷口，進入醫治的歷程，醫治我的情感內傷，對親密關係的恐懼和難以信任，同時也加深我饒恕的內涵。那年頭我在工作上要處理不少離婚及婚姻有危機的夫婦和家庭，看見夫婦面對惡劣關係，分居、離婚的慘痛歷程，當中彼此爭鬥、抱怨，導致孩子性情大變。在人家的離婚過程中見盡人性的光輝和醜惡，別人的經歷觸碰了我因父母離異留下的傷口。在當時的臨牀督導的幫助下，驚覺自己曾以逃避、麻木來遮掩家庭破碎帶給我的傷痛、父母離異的終生遺憾，我漸漸認識自己的傷痛和內心情緒。

天父透過我的工作，醫治了我傷殘的信念。在協助這些離異的夫婦時，我開始將父母離異的責任從直線歸因，即從誰是誰非的非黑即白僵化思想模式，轉換至多角度思考，進一步明白客觀的生活壓力突顯了他們的相處困難，導致他們性格相撞，又因得不到合宜的幫助，結果關係破裂。這理解大大釋放了我對父母情感上的兩難感受，和那份對父母「忠誠的矛盾」。因認識人性的軟弱不足和成長缺憾，我開始諒解他們，重新認識他們，我不再怪罪任何一方，不再心底埋怨，追討他們造成我人生遺憾的責任。我理解事情本質，讓我更有能力去饒恕，我開始明白及接納，人本身的缺憾和不完美，會引致不同程度的遺憾。

這遺憾從沒止息，直到母親最終在父親患病時親自告訴父親，她已原諒了他，彼此內心才感釋然。雖然他們的分離已是事實，在孩子的心目中，哪怕內心多麼憎厭任何一方，內心總是存着一份永遠的盼望：終有一天父母會復和！他們的饒恕，拯救了我對人間關係的盼望，更新我對人際關係的信念！倘若他們臨終仍不能饒恕，我內心的缺口，將會一直真空，只能暗自歎息，無法填補！

然而，天父的工作並未停止，祂繼續巧妙地醫治我深層的情感傷口，多年來情感的麻痺引致認知麻痺，思想不能夠清晰。在過去多年的退修祈禱默想中，慈悲的天父透過祈禱醫治我，在默想《聖經．以西結書》三十六章三十六節，讓我看見自己「冷藏了的心」，祂用其鮮紅而溫熱的心取代我冰冷的心。又有一次，天父讓我體會自己的下肢像癱瘓了的，動彈不得，我發現到無力又缺乏動力的自己。接着在禱告中，我接觸到自己極度驚慌的「內在小孩」。主耶穌溫柔體諒等待的眼神和擁抱，一步一步化解我內心的恐懼。當天父幫助我認識自己更深，清理所受的傷，並逐步協助我整合，理解自己的內在狀況，我整個人輕省了，心靈的知覺慢慢蘇醒。覺醒後的我，更有能力看清楚自己的限制、不是、不足；在主的愛承托下，更有力量諒解父母的性格缺憾、相處困難、婚姻破裂的結局，更有能力去饒恕。在靈修小組我們探討苦難和人的抉擇，小組的內容使我覺醒，我開始從另一角度來看人間的苦難，看見苦難中的人為因果、客觀因果，更能化解因父母離異使我人生有遺憾的感受，開始接納關係的不完美、家庭的不完整。

我還要讚美天父絕妙的計劃，祂透過關係醫治我在關係上受的傷，並父母離異帶來我對人的不信任、對親密關係的害怕，不懂進深關係等缺憾。天父讓我認識一位清心愛主的人，她表裏如一，對人深摯付出，深度明白人間痛苦，她成為我的摯友，讓我感到被重視，被看為好，透過這份深度的交往和友誼，在被肯定和安全的接納中，我學習接觸自己的內在世界，嘗試向人坦露自己的感受。在與她真摯的相處中，我漸漸重建對人的信任，重新學習建立關係。在這過程中，我體會父母都曾在關係上受傷、感到懼怕，我更深接納人的不是，父母的不是；當我經歷到主的愛、人間的愛，就更有能力饒恕父母離異帶給我的傷害。

對我來說，父母離異帶給我的負面影響深遠，有時甚至嚴重過我能夠理解和述說的。饒恕和醫治是一個漫長的旅程，時至今天，天父也未停止醫治我，有機會書寫這篇文章，自述這方面的經歷。整合經歷，也是天父給我的醫治。

近年，在輔導室看見一些夫婦因性格不協調，個人需要不被滿足就輕易鬧離婚，他們以為安頓好協議，盡父母的責任便可減少對子女的傷害。身為過來人，我深深體會離婚對下一代的影響實在深入骨髓；孩子不只失去一位至親，經歷一段動盪的家庭變遷，離婚的後遺症是傷及孩子不同階段的情感，無形的影響是損害他們的人生觀，使他們對關係的信念幻滅、不信任、感到不安全，產生對人生不存盼望的無望感。

萬望各位考慮離婚、正在辦理離婚的夫婦，不要成為扼殺孩子心靈的兇手。

愛令饒恕變得確定，但卻不會令饒恕來得容易。

莫里斯（《聖經》學者）

打通生命的「任督二脈」

伍葉青

家庭健康對人的影響極大，這是我深深體會的！我記憶中的家庭畫面不是愉快的，只有恐懼。有一次父母不知何故忽地吵起來，整張桌子連其上的飯餸，就被父親憤怒地一把推倒地上，他還用剪刀把母親漂亮的旗袍剪破。

我是個只有週六才有父親的孩子，而只有那天才有家的感覺。我七歲就知道自己與別不同，親友總愛探問父親有否回來，因我們是他的第二頭家。遇上節慶日子，當人人都合家歡慶時，我總是難受地看着父親在親友面前撇下我們先走。直到十五歲，我由假單親變成了真單親——父母一場吵架，之後父親就不再回來，到後來他身邊多了一個我稱呼為「阿嬸」的女人。

從前每想到父親有三個女人，母親亦有三個男人，我便心生厭煩。母親十五歲已在鄉間出嫁，誕下的大女兒我曾見過幾面，二女則被送往託嬰所。母親後因受家姑虐待逃離內地。來港後她投靠親友，惜遭嫌棄又被外婆迫改嫁，先後誕下長男幼女，後因男方不忠，關係又告缺裂。長男跟隨生父，幼女比我年長十一年，是我惟一有來往、同母異父的姊姊。母親為了讓她生活好一點，才跟我的父親，但她念書至五年級便因家境艱難而輟學，寄居在外婆家，直至父母分開才搬來與我們同住。我們的關係很疏離，同住了三年，姐姐便結婚了。

我成長的年代社會觀念仍屬保守，這麼複雜的家庭背景，在當年嘗盡別人的閒言冷語。所以我很痛恨這個家，埋怨母親竟然先後有三個男人，真是愚昧的人生！我怨恨上天沒有給我一個完整的家，這是何等不公平。從出生至二十五歲，我們都要跟其他男房客分租一層樓宇居住。母親為口奔馳，從小我只得提高警覺，自我保護地生活，諸多不便，終日擔驚受怕！六年級有一段日子，母親因打工而把我「寄放」在舅父母家中，因寄人籬下，我連用飯也不敢多夾一箸菜，難受極了。我為不能有正常的家內心充滿怨恨，七、八歲時看見別人一家大小在公園一起玩耍，不但不會替人家快樂，反而嫉妒別人得到幸福。母親常罵我是「陀衰家」，要不是懷了我，她早就會離開我父親，但想打掉腹中的我又捨不得。每次聽到這種責罵，我更添憤恨。稍長大後，我認為家人是負累，遂萌生離家的念頭。

我一直問為何要把我生下來，沒有親生兄弟姊妹可以與我分享，只有孤單、羞恥和痛苦！內心總難饒恕父母，認為是他們的錯！是上一代的糊塗孽帳，才把我帶到這個世界來承受惡果。

自青少年時期起，我定期獨自探望父親，每次心靈都承受着無比的沉重。

後來當我歸信基督，這一切才因着神的愛被改變！

父親離家後第二十四年，忽然中風，那時他八十八歲。醫生說，若動腦手術，恐怕餘下的日子有機會全身癱瘓，不能說話。高齡老父難以承受如此重大的手術，我為他禱告，這時醫生竟宣布他不用接受手術。

那段日子，每天下班後我便趕到醫院探望，在耳邊鼓勵他不要放棄，甚至為他換尿片。我是靠着神的愛來原諒他。後來他在醫院信主和受洗，一個月後奇蹟地康復，自此父女關係修補了。

出院後的兩年，我每星期必去探望他，從父親口中得知他過往的經歷，原來父親與大媽在鄉間結婚後因戰亂而分開，十個子女中有九個餓死，剩下的女兒在香港，但我從未見過。父親來港後，曾在寶蓮寺接受剃度傳戒儀式，成為和尚，他立誓若有天與髮妻重逢，必要還俗，豈料十三年後兩人真的重遇。而我們就成了他的第二頭家。他又説因我不是男孩，所以只替我和母親租房住。後來他跟阿嬸在一起，只為想生個兒子，怎料被阿嬸騙了，原來她早過了生育的年齡。他説時眼角流出一滴淚！更令我感震撼的是，父親説他三歲時作了別人的養子，然後隨養父姓伍，我也因此姓伍。我竟到四十多歲才曉得自己原本姓何，沒有真姓氏的人生，何等痛苦啊！

神的愛也教我學會愛母親，她曾說我的性格是江山易改品性難移，但看見我的改變，她說這證明神是真的。於是在我信主兩年後，她棄觀音轉投基督。我婚後接媽媽同住，直至她離世前兩年才住進老人院。

同父異母的姊姊，十五歲便出來工作，過着寄人籬下的生活，我們同是天涯淪落人。我同情她，於是學習關心她，努力與她改善關係。有一天她也決志歸主了！信仰的力量很大。

我一直不與大媽相認，就是不想多一個「阿媽」。後來我改變了，定時探望這位獨居老人，領她信主，親手替她拆除偶像。一個平安夜的晚上，她在睡夢中去世，享年九十三歲。那是我第一次見爸爸哭，由於大媽在家中離世，遺體須送往解剖檢驗，我便負責認領遺體，最後親手撒下她的骨灰，在原處種植了一棵樹。

二零一二年我終於帶領阿嬸，就是我的細媽歸主！幾個老人家晚年時可以開心共聚。我的父母離世時，父親九十七歲，母親八十五歲，他們與大媽現在都在天堂了。

到今天我仍很懷念父母。愛的威力足以令我由憎恨變為寬恕，能接納自己混亂不堪的家庭關係。

然而始終未能釋懷的，就是沒有完整的家庭。雖然我現在已有自己的家庭，但感覺仍像孤兒般。在無數歲月的獨白中，我仍想不通，為何我要出生在這樣的家庭？直至有一天，在霍玉蓮老師的幫助下，我「打通」了自己的人生。我能從另一個角度看自己的原生家庭。提筆至此，又哭了一場，哭是因為通達了人生，得到頓悟，獲得真正的釋放！

從前我認為幾個女人與父親的關係是一場羞恥糊塗帳，今天我卻能看見，母親不是愚昧無知，盲目地去跟男人，而是個有良心的女人，她沒把腹中的我打掉，她的家庭雖複雜，卻沒將錯誤的道德觀傳遞給我。當我將傳福音給她，她一聽就信主，可見她內心早就在尋覓神。我十九歲就會認真地追尋信仰，一方面是我要尋找自己真正的人生！另方面，可能也有媽媽的潛在影響。

看着家庭成員在我引領下逐一認識神的愛，喜獲重生得救的生命，我就曉得那歷練的人生並非痛苦多餘。我大半生都在怪責父親多女人，然而到今天，我對他卻有很多嶄新的認識。原來他一直未有放棄鄉間的盟誓，與髮妻重逢後不惜還俗，但他深受傳統思想影響，為繼後香燈才找其他女人。父親重男輕女和母親被迫改嫁都只是受當時社會思潮影響，我的家人不是犯罪者，他們反而是被罪所害的人，或者因他們對愛的飢渴，才那麼容易信主！我更意外地發現，父親那討厭自大的性格，是因三歲成了養子而自卑，若他的心靈因想尋回父母的愛才去尋找親密關係，他那一筆就不是情慾帳，而是人生的遺憾帳！

一九七一年香港政府廢除大清律例的一夫多妻制，我忽然明白，我的家庭正反映了那個時代。那時，縱使一夫多妻，也未必猶如現今社會男女追尋情慾的不負責任。父親至死未放棄元配，既想念我的親母，也未有離棄阿嬸，我發現父親原是個長情深情的人。原來我有太多「未看見」以致想不通，如今像「任督二脈」被打通了，我不再問為何會生在這個家庭，心靈輕省後，更學懂欣賞自己有這樣一個原生家庭！

寬恕不能改變過去，但它能拓展未來。

Paul Boese（美國作家）

不再有恨

徐玉琼

一九八零年五月十日，我記得很清楚，當日不單狂雷暴雨，烏雲蓋天，同時也是我人生中最大的恥辱、難堪和打擊的日子。

一位我所敬重、欣賞的男士——朱君，認識兩年，竟因對我的妒忌和誤會，暗自部署和計劃，陷我於不義。在十多位我所熟悉的好友面前，冤枉和斥罵我，儼如一位大法官，力陳我的不是，沒有給我解釋和自辯。

我給他的聲威、氣勢嚇呆了，不斷淌淚，然後昏厥了，不省人事。我如一個被判死刑的重犯。

那天開始，千萬個不甘不忿填膺，憤慨仇恨如烈焰燒心。若當時手上有槍，我會轟他一個腦漿塗地。若我有劍在手，必刺他腸穿肚爛。

許多同情和明白我的人，都予以安慰、開解：「算了吧！你惱他恨他，於他無損，卻於己有害呢。看你，傷心又傷身……唉，何苦呢！」

「要我饒恕他，萬萬個不能！請別勸我，我已決定，倘若因恨他而要下地獄，我寧可不上天堂！」激動的我確實說了這番「豪情壯語」。

我曾主動找輔導員求助，但只能消一時之氣，卻無解我滿腔的恨。

日復日，年又年，我活在極度痛苦的怨恨裏。

直至有一日，我深深發現自己活得好辛苦，原來恨人是那麼損耗精神，那麼磨蝕人心。

花了幾年時間去怨去恨一個人，常將他放在心上，值得嗎？於事「有」補嗎？

沒有！有的卻是身心勞累，對人不信任，對生命吶喊：「為什麼這個人如此狠毒和無理的傷害我？」

忽然，我記起輔導員的一串話：「是的，人本身沒有饒恕的能力，除非向神求取，因祂是萬有之主。」

我嘗試虔誠及認真的祈禱，求上帝使我可以寬恕傷害我的人。一幅耶穌高懸十字架的情景出現眼前——四周是恥笑、譏嘲、咒罵的羣眾，被釘的耶穌在撕裂的疼痛中，竟以悲憫的心懷祈禱說：「父啊！赦免他們；因為他們所做的，他們不曉得。」

「主耶穌，我不是祢，沒有祢那麼偉大。我是人，一個充滿怨恨的人，祢將祢的饒恕送予我吧！」我眼中淌淚、心中滴血的求。

神沒有立刻為我顯神蹟，行奇事。我只知道，往後的日子，內心似乎多了些平靜的時刻。漸漸地，不經意地，我沒有以往那麼介懷及椎心之痛。

一九八七年某月某日，有人突然提起當年的事，奇怪，自己竟能從容以對，那委屈傷痛的淚水，那如火山爆發的烈怒，已不復存在。

我意識到神送予我的饒恕有效用了。

那人沒有向我道歉和認錯，至今亦未與他修好言和。(對於一個如此無良的人，沒必要，也不想再有任何交往。)而我不再恨他、惱他，更能稍稍接納他不外是個沒安全感的人，圖以踐踏他人來保障自己的一條可憐蟲而已！

整整七年，活在憤恨的日子裏，是最不堪、最痛苦、最不值得的，畢竟這也過去了。

時至今日，不再有恨，沒有咒詛，只有祝福。心境是無比的暢快、釋然、舒坦、平安、快樂。

原來，饒恕人是那麼好的一回事。然而，不易呀！

惟有寬恕能中止報復循環和締造新的人際關係模式。

莫伯凱特（加拿大作家）

重拾關係

曉夢

當我用冰冷的語調一口拒絕他們的禮物時，內心感到無比暢快，我終於可以清楚表達自己對他們的不滿，不用再虛偽的在臉上掛着笑容、心裏卻非常討厭他們。

洋洋得意一整天之後，晚上卻失眠了，睜着眼看天花板，一幕幕往事重現眼前。認識他們夫婦倆已近十年，這些年來我們見面的日子雖然不多，但彼此都視對方為摯友，最難得的是，我跟男的和女的交情同樣深厚，隨便找一個也可以徹夜促膝談心。

念書的時候，大家都很純很真。到內地旅行，其中一個被人偷掉錢包，我們便將全部金錢拿出來攤分，大家一起吃、一起住，無分彼此。

後來他倆拍拖了，仍然無礙我們的友誼；相反，我為兩個好友同時找到另一半而感到高興。但，到底是什麼使我們反目呢？為什麼我會恨他們到這個地步呢？分水嶺好像在他們結婚一事上。

自他們決定結婚，我忽然發覺他們變了，變得只顧自己，忽略其他人的感受，其他人對他們來說都不再重要了。這其實是很自然的事，因為拍拖到了那個階段，當然是希望過二人世界的生活；也許最錯的，是到了那個時候，我們仍然經常三人一起傾訴心事。

三個人的關係其實已經起了變化。每次見面都只是我在滔滔不絕的自說自話，他們則非常沉默。起初，我還以為那是他們愛護我的表現，因為他們這麼幸福了，自然願意多聆聽、多付出。可是後來卻發覺實情不是這樣，他們其實是將自己的世界關閉了，不再向我傾心吐意，逐漸發展到我對他們的事竟然一無所知，而他們則十分了解我的一切，並予以批評。

那段日子，我感到很深的傷害。那種給人剖開了，然後左挑右剔的感覺非常難受，但我沒有反抗，既然是這麼多年的老友，他們一定是善意的，我這樣想。後來我卻感到被出賣，他們一次又一次的拒絕我——拒絕讓我參加婚宴，因為不想麻煩我，但那是好朋友的表現嗎？他們又拒絕收我送的禮物，説那是太破費了，但我們不是曾經甘苦與共嗎？是嫌棄我的禮物嗎？這些疑竇一直在我心中盤旋，但最錯的，就是我將這一切壓抑在心裏，沒有跟他們好好的談，因此那個「恨」便愈積愈大，以致一發不可收拾。

所以，當他們送生日禮物給我的時候，我便借機宣泄心中的不滿。

當晚沒法入睡，因為想起從前種種，不盡是美好，甚至有令我恨得咬牙切齒的回憶，因此，我並沒打算與他們言歸於好。

我以為自此便可以忘記他們倆，就當從沒認識過他們吧！可是不成，我們還有機會見面；我要出九牛二虎之力，方可在與他們的眼神相遇時，裝作毫無反應。那陣子，夜裏總做着相似的夢，夢見他們走前來説：「我們和好吧！」「你怎麼還生氣呢？我們是好朋友呀！」

夢醒後，我也會對自己說，給他們搖個電話吧，始終是十年朋友呢，但那些恨仍未消，況且那天我這樣對他們，現在哪來下台階呢？一天一天的過去，我仍然在掙扎、做夢、失眠、內疚、恨……

這件事令我反省友誼的真諦。朋友不單是同甘共苦，還需要體諒、原諒和接納。假如他最愛做的就是你最恨惡的事，如遲到、自我中心、好說閒話等，你只有兩個選擇：一是絕交，二是接納他這缺點。

至於我，今次的選擇比較迂迴。最初我選擇了前者，卻發覺沒可能，因為他們已經是我成長的一部分，那種欲斷難斷的感覺是很真實的。

最後怎樣？當然是我撥了一通電話給他們，然後我們面對面告訴對方，我們怎樣在夢中見到對方，要求言歸於好！

饒恕不該是偶爾的行為，應該是常存的生活態度。

馬丁路德·金（美國人權運動領袖）

我心寬了！

詩憲

小時候住在徙置區的七層大廈。那時，鄰居們常半掩着嘴巴帶笑問我，爸住在哪裏，為何常不在家。自從她們扯高嗓子向我解說道：「你父的女人住在藍田，離這裏不遠呢！」以後，我慢慢了解真相，爸晚上不在家，並不是去當看更。每當鄰居們重提這些事的時候，口裏總得呢喃地應付，心裏卻巴不得有個鼠洞或是什麼讓我躲進去。

在那些時候，母親曾當小販。有一回給警察抓去，正在徬徨如何把父親找來之際，倒是那些神通廣大的鄰居們找到他來為媽保釋，原來她們比我更清楚父親的行蹤。我曾幫母親上市場擺賣，目睹過別的小販被抓時的狼狽相；媽獨個兒在警署等那個不知去向的父親時，心裏一定不好受，這夠她怨一輩子。當時讀二年級的我無助的想着。

有一天，媽躺在牀上，面朝內、背向外的不讓我看她的面。鄰居們絮絮叨叨形容着爸怎樣把母親夾在鐵閘空隙之間拳打腳踢，還繪形繪聲的將事件傳開去。縱然不滿，四年級的小子可作什麼？能帶着母親去報復嗎？他總算是我的父親呀！

中二那年，有一天父親着我到觀塘，說有個小女孩要我給她補習數學。到了那兒，父竟要那女孩叫我一聲哥，她倒叫得爽快，只是我死也不願應她一句，父仍要我教她數學。教了什麼我倒不記得，當時只巴不得可以早些離開。我能怎樣？總不能在外人(外人？現在我仍是這麼樣想)面前數落他。我把這事告訴母親，她哭得死去活來，或許我不該如實相告。

大學一年級，一次回家，姑母也在，奇怪，平日足不出户的她為何老遠跑到這裏？爸在看電視。母親呢？她在房中，面朝內、背向外的躺在牀上，這姿勢多麼熟悉，她又不願給我看她的面。母親的飲泣聲喚起了兒時的回憶，一直以來所啞忍的，終於按捺不住，我隨手拿起童軍刀要和他來個了斷，母親哭着要我算了吧，我怎聽得入耳？還是姑母的一句話叫我泄了氣，她說：「你總算是個大學生，若把他幹掉，你的努力和你媽的苦心便一下子白費了。」説罷便拉着爸離去。是的，他還有別的地方可以去。

從此，我再沒叫過他一聲爸。往後四年，連吃飯也沒半句招呼，總是不肯認他。久而久之，自覺已不習慣那樣稱呼他，可能心裏早已深藏了對他的恨吧！

出來工作後，遇見過各種嘴臉的人，可能因為見過世面的緣故，對爸的怨恨相對地淡化下來。平日見他在家裏沒丁點地位，心也慢慢軟下來，不忍繼續折磨他；但實在難再叫他一聲爸。

兩年前母親六十歲生日那天，爸送了一隻金戒指給她，她喜孜孜地認為這暗示父親肯定了她在他心中的地位。飯前我不知從何而來的力量，叫了一聲「爸，吃飯！」他頓間愕然，面上隨即浮現喜出望外的樣子。

自從那一句招呼，我心忽然寬了，裏頭那硬塊頓時消失。也許數年下來工作處世的經驗教化了我，也許這是神的感召，也許他已多年沒找過母親半點麻煩(小麻煩仍是有的)，也許……也許我心實在軟了。那感覺，那感覺不像原諒了他，反而像是寬恕了自己，寬恕自己多年來的怨恨，鬆開自己的枷鎖。

衝突和壓迫之後生命依舊；有了寬恕，就有了未來。

杜圖大主教

（南非第一位黑人大主教，諾貝爾和平獎得主）

從妒忌到接納

志偉

「志傑，我們正等着你！」

幾個團友湧近大門歡迎我的弟弟。他們天南地北，興高采烈，鈴樣的笑聲叫人羨慕他們的快活和欣喜，我也擠出最燦爛的笑容，主動找一兩個團友聊天，暗地裏卻窺探他們的神情，一顰一笑，一舉一動。他們可知道，他們對弟弟的欣賞和注視，叫我多麼憤怒和妒忌！

弟弟素來比我優勝。我們自小在同一間幼稚園、小學、中學念書，甚至大家信了主，也上同一所教會。他天資聰穎，記憶力又強，書念一兩遍便琅琅上口，成績自然優越，家中盡是他的獎牌和獎狀。他輕而易舉考上中學，我卻辛勤苦學才考到。我念理科，他念文科，但他竟可自修附加數學而考獲A級，憑着會考成績，昂然闊步踏進大學；而我卻要重讀中五，再苦讀兩年預科，才進入大專。

在親戚眼中，弟弟是天之驕子；而我只是他的影子——一個褪色的影子。每逢佳節聚首，親戚總愛喋喋不休，重複又重複那些以為別人百聽不厭的讚美話，讚賞弟弟成績如何出眾，將來的成就如何無可限量；而我就好像在空氣中消失了。事實上，我也不想提及羞家的成績，免得要聽那些像是鼓勵的嘲諷話。

團友和親戚對弟弟愈欣賞，我這身為哥哥的，就愈憤怒，愈難堪。我配被稱為哥哥嗎？我有什麼比弟弟優勝？有什麼值得他尊敬？我又配稱為基督徒嗎？身為基督徒，竟嫉妒弟弟，憎惡弟弟，不欣賞他的成就，反而跟他爭競，這叫什麼見證！憤怒、自卑與自責糾纏，教我不懂得面對自己和弟弟，也不敢跟弟兄姊妹分享內心的掙扎，因為，我實在不敢想像我在他們心目中的形象會變成怎樣！

弟弟上大學，我入大專，空間上的距離給這段緊張的關係帶來緩衝。

日子漸過，感覺也較以往遲鈍，我也不再深究與弟弟的關係。然而，在一次退修營中，神讓我在禱告中重溫與弟弟的關係。我見到弟兄姊妹擁戴弟弟的眼神，他們的表情告訴我，弟弟是至傑出的，我討厭那些眼神，討厭他們的表情，我憎恨弟弟，恨不得他消失。我像瘋了的小孩在大叫大嚷，大吵大鬧，要跟弟弟爭寵，跟弟弟鬥嘴。怒氣像火山爆發，很難平息。過了良久，當熔岩開始緩緩流動，我聽到心底有聲音呼喚我：「讓小孩子到我這裏來。」小孩子被這聲音吸引了。耶穌將小孩子抱起來，祂用溫厚的手抱着小孩，用柔和的目光望着他；小孩被溫柔的目光吸引着，感受到愛、接納、肯定和了解。小孩在愛中訴説他的委屈，在慈悲憐憫的眼神中平息了怒氣。

接着，神又讓我重溫孩提時與弟弟嬉笑玩耍的片段。我們倆都非常可愛，很開心，很投入。弟弟格格的笑聲感染了我，我也笑起來。我與弟弟很親近，但沒感到怯懼、憤怒和自卑。

我從沒想過，弟弟出眾的表現帶來我的自卑，而自卑帶來對弟弟的憎恨。或許我以往不能饒恕自己的平庸，因而不能饒恕弟弟的出眾，但神重建我的自我形象。我深深感到自己是屬神的，我的價值神已肯定，不是由我的表現或別人的看法所賦予。現在團友的眼神不再使我搖擺於自大和自卑的兩極；神對我的接納，使我重新學習與自己、與弟弟相處。

寬恕讓我從一個悲慘的起點邁向光明的前途……

如果我不學會寬容與釋然，我將永遠無法成長。

瑪利 · 芭特（《向夢想衝刺》一書主角）

後語：何妨說句「對不起」

Elton John曾經唱過一首歌，叫做*Sorry Seems To Be The Hardest Word*，其中幾句是這樣：

真是悲哀
真是那麼悲哀
這真是一個悲哀的局面
一切變得愈來愈荒謬
為什麼我們總是不能跨越
我始終覺得
對不起是最難於啟齒的說話

他說的沒錯，說對不起是最不容易的一句話。

在人類眾多的詞彙裏面，錦上添花的很多，就如有人對你做了一件好事，你會情不自禁的說聲「多謝」；雪中送炭的也不少，就如你考試失敗，或臥病在牀，朋友來安慰你，說聲「加油吧」、「明天會更好」等等。

不論是錦上添花抑或雪中送炭的話，都是充滿人情味，是人面對某種特殊的環境而作出的反應。這些說話基本上不容易說，因為它需要你動真情，否則就是巧言令色，別人聽來也不是味兒。一般在電梯內、茶樓內的招呼語，皮笑肉不笑的問候語，皆屬此類。

進一步來說，說「對不起」就更加不容易。真正的「對不起」是一個道歉語，含有懊悔、認錯、請求寬恕的成分；這對講究面子的中國人來說，更是難上加難。君不見許多人在港鐵車廂重重的踏了別人一腳，卻若無其事；餐室的侍應生不小心把湯潑在客人身上，仍厚着面皮的說沒事沒事，這些都是常見之事例。

「對不起」這話之難於啟齒，完全是一種不必要的「自尊心」在作祟。因此，從正面來看，說「對不起」是需要勇氣的——敢於承擔責任、敢於承認錯誤的勇氣。我們時常聽到為人父母或為人師長者，規勸子女學生做錯事後要認錯，要對所得罪的人說對不起；但倘若做錯事的是他們，而所傷害的又是他們的子女或學生，那麼他們是否願意坦白認錯，對比自己小二三十年的孩子說對不起呢？這頗成疑問。

我第一次經歷長輩對我說對不起，是二十多年前，當時我還是個八九歲大的孩子。一次與弟妹爭吵，給爸爸重打了幾下，我在廳中哭，堅持不肯進房間睡覺。大概是我哭得太淒涼，爸爸也不忍心，便跑出來抱着我，說對不起，又說明天請我去「龍鳳茶樓」飲茶賠罪。他的道歉把一切惱恨、恐懼和誤會都化解了；那晚我睡得很甜，翌日起來就歡歡喜喜的拖着爸爸的手飲茶去了。

說「對不起」就是具有這種醫治創傷、彌補裂痕的作用。回到剛才說的那件事，其實錯的不是爸爸，我也有不對的地方，但爸爸仍對我說對不起，只因為他愛我，並對我被重打的事表示悔意和難過。嚴格來說，其實不是「對不起」這幾個字本身具有復和的功用，而是說這話之人的真誠和追求和睦的決心才具有療效。

大概是年幼時有接受道歉的經驗，以致長大後我也敢於在做錯事後向人道歉；當然我承認這並不容易，遇上的掙扎也不少。

中一時，一次上英文課，我們幾個男孩子突然頑皮起來，聯手戲弄那位可憐的英文老師；她給我們氣得哭起來，連課堂也不能繼續下去。這事傳到班主任耳中，他怒氣沖沖的走進班房，叫全班男同學站起來，要查出是哪幾個人的鬼主意。一時間整個班房鴉雀無聲，沒有人夠膽站出來承認。班主任便說，假若沒有人肯承認，便懲罰全體男生留堂。那時，不知從哪裏來的勇氣，我突然站出來承認自己是有分的，結果要隨班主任去向英文科老師親自道歉賠罪。

對較陌生的人說對不起，並不太難，因為以後再相見的機會不多，但要向熟悉的人道歉，就絕對不是輕易的事。

談戀愛期間，有一次我誤會了女朋友，在未澄清事實真相前便寫了一封信給她，義正詞嚴的教訓了她一頓，又自以為委屈的寫了好些晦氣話。信寄出了幾天，仍沒有回音，我內心已有不祥的預兆，感到事情不妙。試着打電話給她，她又不肯應，急起來便親自跑去找她，幸而她媽媽通情達理，讓我進門。只見女朋友淚盈滿眶的呆坐着，不用説什麼我已經恍然大悟，感到十分懊悔。這次道歉的經歷是沉痛的，因為我在女朋友(以至其他人)面前，一向都是明察秋毫、襟懷寬闊的君子，如今竟然「天下本無事，庸人自擾之」的胡亂怪錯人，自己也感到羞愧。

然而，最刻骨銘心的一次説對不起，是發生在結婚之前幾個月，對象是我的媽媽。

在籌備婚禮的時候，我曾經希望一切從簡，最好連喜酒也不擺，設茶會就好了，但媽媽卻是緊張非常，其實這也難怪，這是我家第一次辦喜事呢。

記得有一個週末，我與家人到一家酒樓飲茶，媽媽找來酒樓部長，與他商討擺設筵席的問題，什麼圍數呀菜式呀價錢呀，真把我氣得頭頂冒煙，擲下筷子便拂袖而去。其實走到酒樓大門我已經有點後悔，不過礙於面子，總不能就此轉身回去。

那一晚我很夜才回家，家人都熟睡了。站在爸媽的睡房門前，望着媽媽短小的身軀在蜷睡着，我真有衝動走到她跟前向她道歉；想到她所做的一切，雖是怎樣的「老套」、「八卦」，但不都是為我的好處嗎？當我怪責她自以為是、固執己見的時候，自己不也是一樣嗎？擺酒不擺酒其實都是剎那間的事，我又何須為這小事牽腸掛肚呢？何況媽媽已經幾十歲人了，為什麼我不好好順服一下她的意思呢？那一刻，我彷彿看到自己的盲點和自傲，這是我必須向她説對不起的原因。

其實，在日常生活裏，我們很容易在有意無意之間傷害了別人，虧負了別人，這是很難避免的，問題是我們有沒有一顆敏鋭的心，去體察別人所受的傷害，和一份敢於承擔責任的勇氣，以致義不容辭的向人道歉，藉以化解嫌隙，建立和睦。

我同意Elton John所唱：*Sorry Seems To Be The Hardest Word*，因

為一個能夠嚴肅地向人說對不起的人，也必定是一個能夠嚴肅地面對自己的軟弱和錯誤，並且看別人比自己重要的人；而這一類人，在現實世界並不太多。

另一方面，能夠接納別人向自己說對不起也不容易。大多數時候，我們內心雖然知道誰是誰非，但仍寧願大家掩飾着，做好做歹的裝作不知，因為我們害怕一旦揭穿事情的真相，便會尷尬起來，不知以後怎樣相處。「對不起」這句話毫不留情地戳破這個假象，從而呈現出一個新的實體，要我們學習去接受，也就是接納對方是一個會犯錯的人。

這樣說來，「對不起」就不僅是最難於啟齒的說話，同時也是難於接受的說話；但我們也當在有需要的時候努力學習去說，以及去接受。

吳思源